주의 날 어떻게 이해할 것인가

How to Understand the Day of the Lord

by
Paul R. House & Se-Hoon Jang

주의 날 어떻게 이해할 것인가

2006년 12월 30일 초판 1쇄 발행
2009년 4월 10일 초판 2쇄 발행

공저자 • Paul R. House(폴 하우스) · 장세훈
발행인 • 조 경 혜
발행처 • 도서출판 그리심
   156-763 서울시 동작구 사당5동 196 인정아파트 B동

등록번호 • 제 7-258호(1998. 4. 23)
출 판 사 • 전화 523-7589 팩스 523-7590
홈페이지 • http://grisim.biz
전자우편 • grisimcho@hanmail.net

ISBN 89-5799-176-X 93230

값 : 표지 뒷면

• 이 책의 일부라도 저자나 출판사의 허락없이 사용할 수 없습니다.

Korean Copyright ⓒ 2006 *by*   Se-Hoon Jang
Grisim Publishing Company, Seoul, Korea

주의 날 어떻게 이해할 것인가

폴 하우스 · 장세훈 공저

그리심

저자 서문(1)

나는 내 강연을 한국어로 통역해 준 친구 장세훈 박사와 함께 주의 날에 대한 책을 한국어로 저술하게 됨을 영광스럽게 생각한다. 나의 이 강연은 원래 2005년 가을에 국제신학대학원대학교의 개혁신학포럼에서 발표한 것이다. 나는 귀한 자리에 초청해 준 국제신학대학원대학교의 환대에 감사를 드린다. 주의 날이라는 주제는 너무 부정적으로 비치기 때문에 전달하기가 매우 힘들다. 나는 다른 주제에 대해 말하고 싶지만 이 주제를 선택한 것은 다음과 같은 세 가지 이유 때문이다.

첫째, 예수, 사도들 그리고 선지자들은 모두 이 주제를 가르쳤다. 만약 우리가 하나님의 인도하심을 받는 자들이라면 동일하게 우리들도 그렇게 해야 한다. 다시 말해 우리들은 그들처럼 주님과 그의 말씀에 신실해야 한다.

둘째, 그리스도인들은 예수 그리스도의 삶, 죽음 그리고 부활을 통해 하나님의 심판으로부터 구원 받으며, 예수 그리스도는 모든 심판을 하나님으로부터 위임 받는다. 우리는 신자들이 단지 실수와 나쁜 결정으로부터 헤어나오는 것이 아니라 죄 때문에 발생하는 하나님의 심판으로부터 구원 받는다고 설교해야 한다. 만약 우리가 심판을 바르게 이해한다면, 우리가 받은 이 구원이 얼마나 놀라운 것인가를 알게 될 것이다.

셋째, 민족들간의 정치적인 장면들은 우리들이 인간의 죄로 인한 큰 파멸을 경험할 수 있음을 상기시켜준다. 이와 같은 파멸은 어떤 이들에게는 그들에 대한 하나님의 심판으로 이해되지만 어떤 이들에게는 다른 사람의 죄 때문에 당하는 고통이 될 수도 있다. 성경은 이 두 가지를 모두 이야기한다.

나는 한국의 훌륭한 신자들을 만나게 된 것을 기쁘게 여기며, 한국 성도들이 영적으로 건강하게 성장하도록 기도할 것이다. 한국 성도들에게 하나님의 은총이 함께 하기를 기원한다.

2006년 11월 15일

폴 하우스(Paul R. House)
비슨 신학부 부학장(Associate Dean, Beeson Divinity School)
샘포드 대학교(Samford University)

저자 서문(2)

　주의 날이라는 주제로 폴 하우스 박사와 함께 책을 출판하게 됨을 기쁘게 생각한다. 폴 하우스 박사는 유학시절부터 줄곧 교제를 나눈 분이며, 지금도 본인과 학문적 교류를 계속하고 있다. 폴 하우스 박사는 개혁주의적인 성경 신학 사상에 투철하며, 언제나 성경의 권위를 강조하는 신실한 학자일 뿐만 아니라 SBL과 같은 성경학회에 가치 있는 논문들을 꾸준히 발표하면서 학계로부터 뛰어난 학문성을 인정 받아 왔다. 마침 2005년 국제신학대학원대학교의 개혁신학포럼의 주 강사로 초청하여 그분의 강연을 듣게 된 것은 본인에게 큰 기쁨이었고, 특히 그분과 더 깊은 만남을 갖게 된 것은 더할 나위 없는 영광이었다. 원래는 폴 하우스 박사의 강연만을 번역하여 출판하고자 했으나, 우리 두 사람 모두 주의 날의 의미와 그 중요성을 함께 인식하고 있던 터라 폴 하우스 박사의 격려로 용기를 내어 공저를 출판하게 되었다.

　본서는 주의 날의 성경신학적 개관을 다루는 제1부와 주의 날에 대한 분석과 적용에 초점을 두는 제2부로 나누어진다. 제1부는 폴 하우스 박사의 글로 구성되는 반면, 제2부는 필자의 연구 작업의 결과이다. 그 중 일부는 「그말씀」에 소개된 글들을 수정 보완한 것이다. 끝으로 본서는 주의 날에 대한 성경신학적 사상을 알기 원하는 목회자나 신학생 혹은 일반 성도들을 염두에 두고 집필 되었음을 밝혀둔다. 부디 본서를 통해 주의 날에 대한 성경신학적 의미와 중요성이 올바로 이해될 수 있기를 간절히 기대한다.

2006년 11월 15일
신림동 연구실에서
장 세 훈

차 례

서 문 : 주의 날의 연구를 위한 성경신학적 방법론 · 12

제1부: 구약과 신약에 나타난 주의 날

서 론 · 16

구약에 나타난 주의 날 · 25

주의 날의 기원들: 오경 · 26
- 창세기: 창조, 홍수 그리고 소돔 · 27
- 출애굽기: 출애굽, 홍해 그리고 금송아지 · 28
- 레위기 26장과 신명기 27-28장: 언약 파기와 심판 · 30

드러난 주의 날: 선지서 · 33

- 이사야 1-4장: 주님의 날에 대한 분석 · 33
- 12선지서: 주의 날에 대한 개관 · 37
  요 엘 · 39
  아모스 · 44
  스바냐 · 48
  말라기 · 52
  요약 및 결론 · 55

경험된 주의 날: 성문서 · 57

- 예레미야애가: 예루살렘 멸망과 여호와께서 약속하신 그 날 · 57
- 다니엘 7장과 9장: 인자와 하나님의 나라 · 62

신약에 나타난 주의 날 · 65

복음서: 주의 날과 인자 · 66
  하나님의 나라와 주의 날 · 66
  심판이 도래하다: 세례 요한의 사역 · 67
  인자와 심판: 예수의 사역 · 69
  결 론 · 76

바울 서신: 주 예수의 날(데살로니가 전·후서) · 78

주 예수의 날과 교회의 생활: 베드로 전·후서 · 87

주의 날에 대한 성경의 통일된 표현에 대한 신약의 증거 · 92

제2부 주의 날에 대한 분석과 적용

스바냐서의 주의 날 · 96
　12선지서에서 스바냐서의 위치 · 96
　스바냐서의 구조 · 96
　스바냐서 분석 · 101
　현대인을 위한 메시지 · 115

스가랴서의 주의 날 · 118
　스가랴서의 구조와 14장의 위치 · 118
　스가랴 14장의 구조 · 120
　스가랴서 분석 · 121
　현대인을 위한 메시지 · 136

예레미야애가의 주의 날(3장을 중심으로) · 147
　예레미야 애가 3장의 구조 · 147
　본문 분석 · 149
　현대인을 위한 메시지 · 164

참고 문헌 · 168
인명 색인 · 173
성경 색인 · 175

How to Understand the Day of the Lord

주의 날 어떻게 이해할 것인가?

서론

주의 날의 연구를 위한
성경신학적 방법론

0 서론 — 주의 날의 연구를 위한 성경신학적 방법론

　본인은 본 연구를 시작하기에 앞서 본인의 구약신학적 접근 방식에 대해 몇 마디 설명하고자 한다. 나의 성경신학적 입장은 다음과 같이 여섯 가지로 설명될 수 있다.

　첫째, 본인의 성경해석 방식은 수년간 가르침과 설교와 저술을 통해 형성되었다. 나는 학자들, 평신도들 그리고 학생들이 성경을 이해하는데 도움을 주기를 원한다. 아마도 나는 이러한 목표를 실현하지 못할 수도 있다. 그럼에도 불구하고 나는 어디서 강연하든지 이 목표를 늘 염두에 두고 있다.

　둘째, 수년간의 연구를 거친 후 나는 성경을 기록된 하나님의 말씀으로 확신하고 있다. 이것은 시 19편의 선포처럼 성경이 거룩한 삶을 위해 완전하고 온전하며 유익하다는 나의 믿음을 반영해 준다. 이것은 성경이 하나님의 영감으로 기록되어 모든 그리스도인 들의 삶에 유익을 준다는 디모데후서 3:14-17의 선언을 내가 확신하고 있음을 의미한다.

성경은 우리가 순종해야 할 어떤 권위로서 우리에게 말씀한다. 성경에 순종하려는 우리의 열망은 우리로 하여금 성경의 말씀들을 열심히 연구하고 이해하는데 노력해야만 함을 의미한다. 성경 해석은 쉬운 작업이 아니다. 우리는 성경을 잘 이해하기 위해 배움의 단계로 성숙해 나가야만 한다.

  셋째, 나는 하나님이 일관성을 가지고 자신을 알리시는 분이라고 믿는다. 그 분은 성품 면에서 통전적(whole)이며, 사역과 인격 면에서도 통일되어 계신다. 그러므로 나는 성경이 일관적이고도 통일된 책이라고 믿는다. 성경을 통일된 책이라고 주장하는 것은 그 통일된 책에 다양성이 없다는 것을 의미하지 않는다. 실제로, 내용과 주제의 다양성은 성경의 통일성에 기여하고 있다. 대 문학 작품도 언제나 하나의 거대한 이야기를 전달할 때 다양한 측면들을 사용한다. 성경도 다를 바 없다. 성경은 하나의 통일된 실재를 증거하는 많은 주요 요소들을 포함하고 있다.

나는 성경의 통일성이 하나님의 성품과 그의 말씀의 통일성으로부터 기인한다고 믿는다.

넷째, 앞선 두 확신을 고려해 볼 때, 다양한 구약신학들보다는 하나의 구약신학을 말하는 것은 가능하리라고 본다. 지난 2세기 동안 많은 학자들은 이러한 입장에 회의를 보여왔다. 그러나 나는 그것이 가능하다고 생각한다.

다섯째, 구약과 신약의 서사들은 그들의 독자들에게 적실한 주제들을 추적한다. 예를 들면, 호세아는 야곱의 성품을 반추한다. 시편 78편, 89편 그리고 104-106편은 이스라엘 역사 가운데 큰 사건들을 추적한다. 로마서 4장에서, 바울은 이신칭의를 반추하기 위해 창세기 15장과 시편 32편을 사용한다. 나는 여기서 주의 날이라는 주제를 추적하고자 한다.

여섯째, 내가 구약의 한 주제를 추적할 때, 나는 마소라 본문의 정경 순서를 선택한다. 만약 내가 마태복음 23:35과 누가복음 24:44을 올바로 이해했다면, 나는 예수께서 그 당시에 이런 방식으로 성경을 읽었다고 생각한다. 나는 전체 성경에 나타난 하나의 주제를 추적할 때, 다음과 같은 순서를 고려할 것이다: 오경, 선지서, 성문서, 복음서-사도행전, 바울서신 그리고 기타 서신들(계시록 포함). 물론 이러한 순서에 의한 연구방식이 유일한 것은 아니다. 그러나 나는 이런 순서로 성경을 보는 것이 하나의 적절한 방식이라고 믿는다.

How to Understand the Day of the Lord
주의 날 어떻게 이해할 것인가

구약과 신약에 나타난 주의 날

Part 1

- 구약에 나타난 주의 날 · 25
- 신약에 나타난 주의 날 · 65

Part 1

서론

구약과 신약에 나타난 주의 날

서론

    심판이라는 주제가 성경신학에서 매우 중요한 역할을 하고 있음은 부인할 수 없다. 이전의 대표적인 성경 신학자들의 연구는 이 같은 사실을 확증해 준다. 예를 들면, 존 브라이트(John Bright)는 고전적인 그의 작품, 「하나님의 왕국」(The Kingdom of God)에서 이스라엘 왕국의 역사에 나타난 심판을 다루기 위해 한 장을 할애하고 있으며, 심판을 그의 중심 논지를 뒷받침하는 중요한 주제로 취급하고 있다.[1] 브라이트 외에도, 20세기 중반의 다른 성경 신학자들도 심판의 중요성을 강조한다. 게할더스 보스(Gerhardus Vos)는 선지자가 그의 백성에게 전달된 하나님의 계시를 이해한 바를 깨닫는데 있어서 이 심판이라는 개념이 특별히 중

---

1. John Bright, *The Kingdom of God* (Nashville: Abingdon Press, 1953).

How to Understand the Day of the Lord

요하다고 생각한다.² 한편 로울리(H. H. Rowley)는 심판을, 이스라엘의 믿음의 핵심을 차지하는 하나의 필수적인 부분으로 취급한다.³

더욱 최근에는 호주 시드니의 무어 신학교(Moore Theological College)에서 가르치는 신학자들이 성경 전체에 나타난 심판의 역할을 강조해 왔다. 예를 들면, 피터 젠센(Peter Jensen)은 복음을 성경에 나타난 하나님의 인격적 계시의 가장 명료한 표현으로 간주하는 바, 이 "복음"을 구성하는 주제들 가운데 심판을 하나의 필수적인 부분으로 취급한다.⁴ 젠센의 오랜 두 동료들도 이와 유사한 방식으로 이 심판의 주제를 사용한다.

---

2. Geerhardus Vos, *Biblical Theology: Old and New Testaments* (1948; rpt. Edinburgh: Banner of Truth, 1996), 286-296을 보라.

3. H.H. Rowley, *The Faith of Israel: Aspects of Old Testament Thought* (Philadelphia: Westminster Press, 1956), 177-201. 로울리의 이 부분은 아마도 구약의 주의 날을 간결하게 다룬 최고의 연구일 것이다.

4. Peter Jensen, *The Revelation of God* (Leicester: Inter-Varsity Press, 2002), 49-53.

그레엄 골즈워디(Graeme Goldsworthy)는 "성경에 펼쳐진 하나님의 계시"와 "전 성경을 기독교의 경전으로 설교함"에 있어서 심판을 하나의 일관된 요소로 강조한다. 왜냐하면 그는 심판이 복음의 메시지로부터 분리될 수 있다고 믿지 않기 때문이다.[5] 윌리엄 덤브렐(William Dumbrell)은 심판을, 구약의 종말론 가운데 매우 중요한 측면으로 간주한다.[6] 비록 다른 성경 신학자들, 구약 신학자들, 그리고 신약 신학자들의 이름을 더 나열할 수도 있지만, 논점은 명백하다: 이 같은 심판에 대한 폭 넓은 관심은 이 심판의 주제에 대한 중요성을 강조해 준다.

또한 몇 몇 주요 성경 신학 작품들이 이 심판의 주제를 논의하지 않거나 매우 간략하게 다루고 있음은 흥미로운 일이다. 브레바드 차일즈(Brevard S. Childs)의 「성경신학」(*Biblical Theology*), 도날드 고완(Donald Gowan)의 「예언서의 신학: 이스라엘의 죽음과 부활」(*Theology of the Prophetic Books: The Death and Resurrection of Israel*) 그리고 스코비(C. H. H. Scobie)의 「우리 하나님의 길들: 한 성경신학적 접근」(*The Ways of Our God: An Approach to Biblical Theology*)과 같은 책들이 이에 해당된다.[7] 이 모든 작품들은 분명 성경 신학에 크게 공헌하였고, 심판을 이해하는데 도움을 주는 많은 요소들을 다루고 있다. 그러나 이 작품들은 성경의 맥락

---

5. Graeme Goldsworthy, *According to Plan: The Unfolding Drama in the Bible* (Leicester: Inter-Varsity Press, 1991)와 *Preaching the Whole Bible as Christian Scripture* (Grand Rapids: Eerdmans, 2000)을 보라.

6. 특별히 그의 책, *The Search for Order: Biblical Eschatology in Focus* (Grand Rapids: Baker, 1994)을 보라.

7. B.S. Childs, *Biblical Theology of the Old and New Testaments: Theological Reflection on the Christian Bible* (Minneapolis: Fortress, 1992); D.E. Gowan, *Theology of the Prophetic Books: The Death and Resurrection of Israel* (Louisville: Westminster John Knox Press, 1998); and C.R. Scobie, *The Ways of Our God: An Approach to Biblical Theology* (Grand Rapids: Eerdmans, 2003).

속에서 이 심판의 주제의 역할을 상세히 다루지는 않는다. 그러므로 이런 상황은 심판의 주제에 대한 더 상세한 분석이 뒤따라 와야만 함을 암시해 준다.

비록 설교와 교육의 프로그램 혹은 그 강조점들이 장소에 따라 다를 수 있지만, 심판이 전통적인 고백적 교회들 혹은 복음주의 교회의 설교 강단에서 일정한 위치를 점하지 못하고 있다고 주장하는 것은 그리 과도한 표현은 아닌 듯 하다. 그러기에 심판은 교회를 출석하는 일반인들에게는 매우 중요하게 다가오지 않는다. 심판이 심각하게 취급되지 않는 이런 현상은 세례 요한, 예수 그리고 사도들의 증거 및 설교와는 거의 거리가 멀다. 도드(C. H. Dodd)가 지적하다시피, 초대 교회의 케리그마는 일정하게 심판과 부활을 포함하였다.[8] 실제로, 사도 행전을 살펴보면, 적어도 이런 주제들이 십자가에 대한 진술 못지 않게 깊숙이 배여 있음을 발견할 수 있다. 이 말은 십자가의 중요성을 결코 무시하려는 뜻이 아니다. 오히려, 그것은 사도들의 가르침 가운데 최근들어 간과되어 왔던 측면들의 중요성을 강조하려는데 있다. 최근 심판의 주제가 간과되었던 이런 경향들에 대한 많은 이유들이 있을 것이다. 그러나 이런 경향을 폭로하는 것보다는 그것을 교정하는데 초점을 두는 것이 더 중요한다.[9]

그렇지만 심판에 관한 성경적 진술들을 분석하려고 할 때, 우리는 이 일이 어려운 작업임을 발견한다. 심판은 정경의 모든 단락에 나타나며, 다양한 배경 속에 등장하며, 몇 몇 신학적 강조점들의 한 부분으로 취급

---

8. C.H. Dodd, *The Apostolic Preaching and Its Development* (London: Hodder and Stoughton, 1936), 11-17, etc.

9. 이런 무시된 주제를 설교하라고 촉구하는 D. Broughton Knox ed, Selected Works: Volume One, *The Doctrine of God*, Tony Payne (Sydney: Matthias Media, 2000), 189-203을 보라.

되고 있다. 이것은 왜 이 심판의 주제가 그렇게 수많은 다른 방식으로 다루어지며, 왜 그토록 많은 학자들의 작품들 속에 그러한 형태로 취급되고 있는지를 부분적으로 설명해준다.

비록 성경 신학에서 심판에 대한 중요한 묘사들이 수많이 등장하지만, (비록 가장 중요한 것이 아니라도) 그 중 가장 중요한 묘사들 가운데 하나가 바로 "주의 날"이다. 이 주제의 기원은 오경에서 비롯되며, 계속되는 성경의 모든 내용들에 등장한다. 그러므로 모세, 이사야, 아모스, 스바냐, 말라기, 예수, 바울, 그리고 베드로와 같은 성경의 수많은 주요 인물들은 이 심판의 주제를 제기하고 있다. 이처럼 거듭 나타나는 심판이라는 주제의 등장은 이 주제가 구속사의 주요 사건들 및 요소들과 연결되어 있음을 의미한다. 그리고 이 주제가 여호와의 이름/본성과 연결되어 있음은 이 주제를 분석함에 있어, 하나님의 성품에 대한 분석도 필요함을 말해준다.

"주의 날"이란 무엇인가? 윌리엄 덤브렐(William J. Dumbrell)은 이 표현을 몇 마디 단어로 정의하기가 쉽지 않다고 말한다. 실로, 그는 "선지자들이 생각하듯이, 주님의 날에 대한 개념은 하나의 의미로 이해될 수 없다; 이 개념의 함축적 의미는 그 표현이 등장하는 각 맥락을 살펴봄으로써 만 결정될 수 있다"고 말한다.[10] 그럼에도 불구하고, 이 표현이 등장하는 맥락들이 연구될 때, 어떤 기본적인 요소들이 등장한다. 간단히 말하면, "주의 날"은 성경에 나타난 다음과 같은 확신을 의미한다: "특정한 사건들을 통해 특정한 시간에 하나님의 통치가 온 땅에 다시 확립될 것이며, 택함 받은 자들은 죄의 원천들과 영향들 그리고 죄와 밀착된 자들로부터 벗어나 지금부터 혹은 영원히 해방될 것이다."[11] 성경에서,

---

10. Dumbrell, *The Search for Order*, 109.

주님의 날은 심판을 논의하는 하나의 특별한 방식일 뿐, 유일한 방식은 아니다. 주님의 모든 날이 심판을 보여주며, 심판을 묘사하는 모든 표현들만이 주님의 날이라고 불리 울 수는 없다. 분명, 주님의 날이라는 표현이 사용되는 심판의 본문들은 이 단어가 사용되지 않는 심판의 본문들과 많이 겹치는 면들이 있다. 이 말은 주님의 날에 대한 근본적인 질문들을 던지게 만든다.

독자들은 주의 날에 대한 본문을 읽을 때, "주의 날에 무엇이 발생할 것인가?"라는 질문을 갖게 된다. 이 질문에 대해, "여호와는 이스라엘과 세상의 죄악을 심판하고자 분명한 행동을 통해 인류의 사건 속에 직접적으로 간섭하실 것이다"라는 대답이 주어질 수 있다. 또한 독자들은 다음과 같은 질문을 이어서 던질 수 있다: "주의 날이 어떻게 발생할 것인가?" 한편으로, 주님의 날은 이방 군대의 침략, 기근 혹은 메뚜기 재앙과 같은 명백한 행동들(actions)을 통해 발생한다. 주의 날은 예수 그리스도의 죽음과 부활과 같은 반복될 수 없는 행위(acts)들을 통해 발생한다. 다른 한편으로, 주님의 날은 설교 혹은 박해와 같은, 다소 분명치 않은 행동들을 통해 발생하기도 한다. 이런 경우에 있어서, 세상은 대개 이러한 사건들을 주님의 날로 이해하지 않을런지도 모른다. 그러나 하나님의 백성들은 그 사건들을 주의 날로 이해하며, 또 그렇게 이해해야만 한다. 그러므로 믿음이 있다면, 발생한 사건들의 진정한 의미를 깨달을 필요가 있다.

끝으로, 독자들은 "주의 날이 언제 발생할 것인가?"라는 질문을 던지게 된다. 성경은 "주의 날에 대한 특별한 경우들은 창조세계와 성도들을 개인적 사회적 우주적 죄의 힘과 영향력으로부터 구원하기 위해 일정한

---

11. Rowley, "The Day of the Lord," 177-179를 보라.

역사적 시간을 통해 죄를 심판한다"고 명백히 진술한다. 더 중요한 것은, 성경은 또한 "최종적 종말에 임할 주님의 날이 죄를 영원히 제거할 것이다"고 단언한다. 이와 같은 죄로부터의 해방은 영구적이다. 죄로부터의 일시적인 그리고 영구적인 구원은 하나님의 구원을 나타내 주며, 그러므로 주의 날은 궁극적으로는 긍정적인 표현이 된다. 죄로부터의 일시적인 단절인지 아니면 죄에 대한 완전한 정복인지는 본문의 맥락에 의해 결정된다.

본인의 강의는 이러한 기본적인 정의를 설명하기 위해 다음과 같은 과정을 따를 것이다. 첫째, 후대의 기자들이 주님의 날에 대한 본문들을 기술할 때 사용한 이미지에 초점을 맞추기 위해 오경의 중요한 본문들을 연구할 것이다. 물론, 어떤 이들은 어떤 본문들이 필수적인지를 알기 위해 후대의 본문들을 먼저 읽어야 할 것이라고 주장할 수 있다. 만약 현재의 독자들이 성경의 기자들처럼 오경의 내용에 대해 많은 지식을 갖고 있었다면, 그들은 후대의 본문들에 나타난 이미지를 먼저 택할 수도 있을 것이다. 후대의 본문들은 창조, 홍수, 소돔, 출애굽, 금송아지 그리고 언약의 축복과 저주의 단락들에 나타난 이미지를 특별히 사용하고 있다. 이런 내용들은 후대의 본문들을 다룰 때 논의될 것이다.

둘째, 선지서를 다루는 장에서는 "주의 날", "그 날"(that day), "주님의 진노의 날", 혹은 "그 날"(the day)과 같은 용어가 나타나는 선별된 본문들을 요약해서 다룰 것이다. 기대하는 바처럼, 하나님의 성품과 주님의 날을 설명하기 위해 오경에 구체적으로 묘사된 이미지를 사용하는 본문들은 가장 큰 관심의 대상이 될 것이다. 선지서에서 주의 날에 대한 본문들이 무수히 많음을 고려해 볼 때, 우리가 다룰 본문들은 몇 가지 역사적 시대에 따라 선별될 것이다.

셋째, 예레미야 애가는 주의 날 이미지와 직접 연결된 성문서의 한

책으로서 연구될 것이며, 하나님의 성품에 대한 표현들도 연구될 것이다. 그러므로 예레미야 애가는 주전 587년 이후의 성경 기자들이 주의 날, 그와 관련된 땅의 상실, 예루살렘과 다윗에 대한 약속에 대해 믿고 느꼈던 바를 보여주는 대표적인 작품으로 사용될 것이다. 다니엘 7장과 9장은 이스라엘의 바벨론 유수를 포함한, 세상의 무질서를 종식시킬 수 있는 궁극적인 해결자가 되실 전능한 인자의 도래에 대한 희망들과, 그런 희망들간의 연관성을 증명하기 위해 다루어 질 것이다.

넷째, 주의 날, 하나님의 나라 그리고 인자 사이의 연관성에 대한 통찰력을 제공해 주는 복음서의 본문들도 연구될 것이다. 주의 날이라는 표현을 사용하는 복음서의 본문들도 논의될 것이다. 마태복음 23:37-24:51, 마가복음 13장 그리고 누가복음 23:26-31과 같은 본문들이 논의될 것이다. 왜냐하면 이 본문들은 예루살렘에 대한 예수의 동정을, 도래할 심판과 연결시키고 있기 때문이다. 누가는 구약 본문들과의 연관성과 주의 날의 가르침에 나타난 윤리적 요소에 대한 관심 때문에, 하나의 모범적인 복음서 본문으로서 취급될 것이다. 요한복음 12:27-36은 인자와 심판을 연결시키며 누가와의 매우 큰 유사성을 지니고 있기 때문에, 논의의 대상이 될 것이다.

다섯째, 데살로니가 전, 후서에 나타난 주의 날 이미지에 대한 바울의 용법도 다루어 질 것이다. 바울은 분명 주의 날을, 주 예수 그리스도의 날로 이해한다. 복음서의 기자들처럼, 바울은 주의 날을, 윤리적 삶에 대한 요청과 희망의 근거로서 간주한다. 바울은 적어도 주의 날이 반역한 유대 백성들에게 있어서 특별히 현존하는 실제일 뿐만 아니라, 미래의 실제라는 점도 강력하게 시사하고 있다.

여섯째, 주의 인내하심에 대한 표현과 아울러, 베드로의 주의 날 이미지에 대한 용법도 연구될 것이다. 바울과 같이, 베드로는 도래할 주의 날을, 희망의 근거이자 경고의 동기로서 사용하고 있다. 베드로는 그의 백성들에게 박해로부터 구원 받을 때를 기다릴 때조차도 윤리적 정결함을 촉구한다. 베드로의 사상이 구약의 주의 날에 대한 표현과 연결되고 있음은 시도 바울의 경우보다 더 분명히 드러난다.

  일곱째, 주의 날에 대한 신약의 용법은 주의 날의 관점에서 볼 때 성경의 통일성을 나타내 주는 바, 우리는 이러한 성경 신학적 통일성의 방식에 대해 다루어 볼 것이다. 종합해서 말하면, 주의 날에 대한 신약의 본문들은 주의 날이 현존하는 실제일 수도 있고 미래의 실제일 수도 있다고 말한다. 주의 날은 최종적이 아닐 수 있고, 최종적일 수도 있다. 주의 날은 신자들이 정결한 삶을 살아야 할 필요성을 강조해 준다. 주의 날은 도래할 주을 요청하고 있으며, 예수 즉 고난의 종이자 인자는 바로 그 주님이 된다. 주의 날은 신실한 자들에게는 희망과 구원을 제공해 준다. 분명, 이 강의는 이런 주제에 대한 첫 시도라고 볼 수 있다. 그러나 본인은 이 강의가 성경을 통해 나타난 이 주제의 목적과 그 목적의 일관된 통일성을 논증할 수 있기를 희망한다. 만약 그럴 수 있다면, 본 강의는 주의 날이라는 주제와 관련된 용어, 시간 및 그 결과들과 같은 문제들을 조명하는데 도움이 될 수 있을 것이다.

Part 1

주·의·날·어·떻·게·이·해·할·것·인·가

구약에 나타난 주의 날

주의 날의 기원들: 오경 · 26
드러난 주의 날: 선지서 · 33
  ● 이사야 1-4장: 주님의 날에 대한 분석 · 33
  ● 12선지서: 주의 날에 대한 개관 · 37
경험된 주의 날: 성문서 · 57

주의 날의 기원들 : 오경

비록 "주의 날" 혹은 그와 유사한 표현들이 오경에는 나타나지 않지만, 후대 본문들은 분명 오경에 발견되는 관련 주제들에 의존하여 주의 날에 대한 주제들을 명료화 시키고 있다. 이 후대의 본문들은 주의 님을 심판과 정화를 위한 목적으로 인간사에 개입하는 하나님의 간섭 하심으로 나타내고자 할 때 이전의 이미지를 발전시킨다. 이러한 이미지들은 창세기, 출애굽기, 레위기 및 신명기 그리고 민수기와 같은 본문들을 포함하고 있으며, 심판 받아 마땅한 행위에 대해 경고하는 몇 몇 후대의 단락들은 민수기 본문도 사용하기도 한다. 앞서 살펴보았듯이, 이러한 심판의 개념들은 후대의 기자들이 알았으며, 그들의 독자들이 알았으면 하고 기대하는 사상들이었다.

그러므로 현재의 독자들이 이런 심판의 개념들을 염두에 두어야 하는 것은 당연한 이치이다. 이후에 다루어질 개괄적 연구는 이러한 심판의 개념들과 후대 본문들을 위한 그 중요성을 소개할 것이다. 그렇지만 오경이 그 자체의 표현으로 전달될 수 있도록 하기 위해, 후대의 본문들은 조금만 인용될 것이다.

이러한 접근은 해리슨(R. K. Harrison), 키친(Kenneth Kitchen), 클라인(Meredith Kline), 크레이기(Peter Craigie), 웬함(Gordon Wenham) 그리고 맥콘빌(Gordon McConville)과 같은 학자들의 역사적 결론에 근거하고 있다. 이러한 접근은 역사적 정당성 뿐만 아니라 문학적 정경적 정당성도 갖고 있다.

창세기: 창조, 홍수 그리고 소돔

창세기 1-2장은 식물, 동물 그리고 인류의 창조를 묘사한다. 창세기 1-2장은 하나님의 택함 받은 통치자/창조의 청지기로서의 인류의 역할(1:26-31) 그리고 인류의 첫 사역(2:4-25)에 대한 하나님의 선언을 보여준다. 창조주는 창조세계의 통치자 즉 왕이다. 그러므로 이 인류의 통치는 중개되어진 역할(a mediated role)이다. 어떤 후대의 본문들은 심판을, 창조주의 행위(암 4:13과 5:8을 보라), "창조의 역전"(습 1:2-3), 그리고 하나님의 창조 파기로 소개할 것이다. 다른 본문들은 새 창조를 심판의 결과로 묘사할 것이다(사 65:17-25를 보라). 분명, 후대의 독자들은 창조 기사의 기본 요소들을 알고 있었거나 혹은 알았어야만 했으며, 어떻게 그 창조 기사가 즉시 역전되는지 혹은 어떻게 원 창조를 다시 회복하는지를 깨달아야만 했다.

창세기 3-9장은 성경에 나타난 첫 심판의 기사들을 포함한다. 하나님과의 관계를 최우선시 했던 인류가 그들의 창조주보다는 뱀의 말을 믿음으로 말미암아 하나님의 말씀을 어기는 죄악을 저지른 후에, 뱀과 인류는 창세기 3:14-24에서 하나님으로부터 심판을 당한다. 이러한 심판들은 나중에 성경에서 정도에서 벗어난 것들(wrongs)로 묘사되며, 하나님의 심판의 개입만이 이 잘못된 결과들을 바르게 교정시킬 것이다(사 51:3, 사 65:17-25, 마 4:1-11, 계 20:2를 보라). 더욱이, 창세기 6:5-9:17은 인간의 행위에 대한 하나님의 탄식을 소개하며, 여기서 하나님은 노아와 그의 가족들을 구원하며, 홍수로 세상을 심판하며, 노아와 언약을 맺으신다.

이 이야기에서 주님은 갱신을 위해 심판을 수행하신다. 이사야 59:9과 마태복음 24:37과 같은 후대의 본문들은 도래할 주의 날을 논의하기

위해 홍수 기사에서 유래한 주제들 혹은 이미지를 사용한다.[12]

창세기 18:1-19:29은 소돔을 전복시키려는 멸망 계획, 하나님의 의에 근거한 아브라함의 도고(18:25), 롯에 대한 하나님의 구원 그리고 "주님이 보내신 하늘의 불"로 소돔을 급히 멸하는 하나님의 심판을 보여주는 하나님의 계시를 보여준다. 이 본문은 심판에 나타난 하나님의 의, 불의 이미지 그리고 도성을 뒤집어 엎는 예기치 못한 멸망에 대한 진술을 소개한다. 이후의 책들은 이러한 개념들 가운데 하나 혹은 두 가지를 사용한다(애 3:19-39, 애 4:6, 마 10:15, 벧후 2:6, 유 1:7을 보라). "전복"(Overthrowing)이라는 말은 군사적 이미지이며, 나중에 이와 유사한 수많은 메타포들이 주의 날을 다루는 본문들에 등장한다(출 15:1-18, 욜 1-2장 외 기타 본문들을 보라).

출애굽기: 출애굽, 홍해 그리고 금송아지

출애굽기 5-13장은 이스라엘을 애굽에서 구출한 하나님의 구원을, 하나님의 말씀에 대적하는 애굽에 대한 일련의 재앙을 통해 행해진 심판으로 묘사한다(출 5:2과 13:15을 보라). 이 본문은 다른 민족들이 여호와를 잘못 믿고 이스라엘에게 잘못 행함으로 인해 여호와의 심판을 받을 것이며, 여호와께서는 자연을 사용하는 비정상적인 방식으로 이러한 심판을 수행하실 것이라는 사실을 강조한다. 이후의 본문들은 출애굽에 나오는 재앙과 유사한 혹은 다른 재앙들을 소개하며, 이런 재앙들은 민족들 혹은 심지어 이스라엘에 대한 하나님의 심판으로 취급된다(합 3:5, 슥

---

12. 이런 이미지를 다시 사용하는 방식에 대한 논의로는 W. Eichrodt, *Theology of the Old Testament: Volume One*, trans. J. Baker (Philadelphia: Westminster Press, 1961), 459-463을 보라.

14:15, 계 16:21을 보라).[13] 창세기 1-2장에 근거해 볼 때, 창조주가 백성들을 심판하기 위해 자연을 심판의 도구로 사용할 수 있음은 그리 놀라운 일이 아니다. 출애굽 기사에서 주님께서 재앙을 보내기에 앞서 애굽에게 경고를 하고 있음에 주목하는 것은 중요한 일이다. 이 같은 사실은 여호와께서 심판을 수행할 때 오직 택함 받은 백성들에게만 경고하지 않는다는 점을 시사해준다. 다시 말하면, 창조주는 심판을 수행하시는 분이지만, 여기서는 애굽에게 경고함으로써 심판을 수행하신다.

출애굽기 15:1-18은 이스라엘을 애굽으로 귀환시키기 위해 파송된 애굽의 군대로부터 벗어난 이스라엘의 구원을 송축한다. 이 노래에서, 백성들은 "여호와는 용사시며 여호와는 그의 이름이시다"(15:3)라고 외치며 즐거워한다. 이 거룩한 용사는 애굽의 군사들을 바다에 던져 넣으며(15:4), 실제로 바다를 다스린다(15:8). 그는 불길처럼 진노하며, 그의 불길은 그루터기처럼 대적들을 집어 삼킨다(15:7; 사 5:24과 말 4:1-6을 보라). 모든 이스라엘의 대적들은 이와 같은 용사의 대면을 생각하면 무서워 떨게 된다(15:15-16). 이러한 이미지들은 창조, 출애굽 그리고 거룩한 용사라는 사상들을 결합시키고 있다. 하나님은 이 본문에 나타난 모든 것을 행하실 수 있다. 왜냐 하면 그 분은 자연을 다스리며, 이스라엘을 위해 싸우시며, 인간사에 개입하시기 때문이다.[14] 후대의 본문들은 주님께서 그의 백성들의 원수를 무찌르는 전능한 왕으로 도래할 것이라는 점을 강조한다(시 93-99편을 보라). 그는 바벨론과 같은 강대한 군사들(사

---

13. 출애굽 이미지에 대한 후대 본문들의 재 사용에 관한 논의로는 G. von Rad, *Old Testament Theology: Volume Two*, trans. D.M.G. Stalker (New York: Harper and Row, 1965), 119-125을 보라.

14. F.F. Bruce, *New Testament Development of Old Testament Themes* (Grand Rapids: Eerdmans, 1968), 23.

13:1-22을 보라) 혹은 종말에 주의 날이 도래하기 전 세상을 다스릴 열방의 국가들(계 19:11-21)을 무찌를 수 있다.

출애굽기 32-34장은 후대 본문들(그 중 어떤 본문들은 심판을 주의 날로 묘사한다)에 나오는 하나님의 성품과 그 분의 심판간의 연관성을 이해하는데 매우 중요한 본문이다. 금송아지를 만들어 언약을 지키지 못한 이스라엘의 불성실함은 하나님과 이스라엘간의 철저한 분리를 야기시킨다. 즉 하나님은 이스라엘을 버리며, 언약을 상징하는 돌판이 깨뜨려지며, 이스라엘에게 재앙이 임한다(출 32:1-35).

그러므로 여호와와 이스라엘간의 언약적 관계는 회복되어야만 하며, 모세는 출애굽기 33장에서 화해를 중재한다. 출애굽기 34:6-7에서 여호와는 왜 자신이 심판을 유예하는지, 왜 심판을 하는지, 왜 용서하는지 그리고 왜 이스라엘과 그의 언약을 갱신하는지를 설명한다. 이와 같은 근본적인 하나님의 성품에 대한 일련의 진술들은 그의 성품이 심판과 연관되어 있음을 보여준다. 출애굽기 32-34장의 내용은 선지서와 성문서에서 종종 인용된다. 그리고 이 본문은 하나님의 심판 연기를 나타내 주는 신약의 진술들에 대한 최상의 근거가 되는 듯 하다(벧후 3:8-10을 보라). 후대 기자들이 이스라엘과 열방에 대한 하나님의 심판을 논의할 때(욜 2:12-13과 욘 3:8-10, 4:2), 출애굽기 34:6-7을 사용하고 있음은 주목해 볼만하다.

레위기 26장과 신명기 27-28장: 언약 파기와 심판

레위기 26장과 그 자매 본문인 신명기 27-28장은 축복 혹은 혜택과 관련되어 있다. 즉 이스라엘은 언약적 순종으로 이런 축복을 기대할 수 있다. 반면에 이스라엘은 언약적 불순종으로 저주 혹은 심판을 예상할 수 있다. 이러한 축복과 저주들은 민족의 언약적 행위들과 연관되어 있다. 전체 이스라엘 민족이 신실하든 신실하지 않든 간에 개개인은 신실할 수 있다. 이런 불성실에 대한 결과들은 오랜 기간이 지난 후에 나타난다. 하나님의 관점에서 볼 때, 이런 결과들은 빨리 발생한 것이 아니다.

그럼에도 불구하고, 이런 결과들은 끔찍하다. 이스라엘의 불성실에 대한 최종적인 결과는 약속의 땅에서 추방되는 이스라엘의 유배생활이다(레 26:34-39와 신 28:64-68). 이러한 유배생활은 군사적 침략으로 발생할 것이다. 이 같은 군사적 침략 때에 군사적 고립을 겪게 되며, 배고픔과 인육을 먹는 일이 생기며, 서로가 배신하며, 인간 이하의 만행들로 여겨지는 다른 행위들이 제일 먼저 나타날 것이다(레 26:23-33과 신 28:52-57을 보라). 신명기 28:60은 출애굽기에서 한때 애굽에게 임했던 질병들이 언약을 불순종한 자들에게 임할 것이라고 말한다. 이 질병과 관련된 재앙들이 임하기 전에 주님은 백성들을 연단시킬 것이다(레 26:14-22). 주님은 그의 백성들을 깨닫게 하기 위해 역병, 가뭄, 기근 그리고 경제적 손실과 같은 재앙으로 그들을 경고할 것이다(신 28:15-24). 여호와는 그들을 미치게 하고 눈을 멀게 만들어 그들을 치실 것이다. 그들은 어둠 속에서 방황할 것이다(28:28-29).

이 본문들은 주님께서 이스라엘을 심판하기에 앞서 사람들을 보내거나 환경들을 통해 그들의 행실을 고치도록 경고하실 것이다. 이 경고의 목적은 심판을 피하도록 하는데 있다. 요시아는 한 때 훌다가 그에게 하나님의 말씀을 설명할 때 이런 사실을 깨닫게 된다(왕하 22:8-20을 보라). 신명기 30:1-10은 여호와께서 백성들을 심판하신 이후에도 그들이 온 마음으로 여호와께 돌아옴으로써 언약과 관계를 회복할 수 있으며, 이러한 진실한 마음은 언약적 충성을 보장해 줄 것이다. 출애굽기 34:6-7

에 나타나는 바와 같이, 하나님의 성품은 심판을 주저함, 이스라엘로 하여금 마음을 돌이킬 수 있는 시간을 주기로 결심함, 그리고 심판에 대한 그의 의지에서 잘 나타나고 있다.

언약적 불순종의 이미지는 후대의 본문들에 너무 많이 퍼져있기 때문에 그 중 어떤 본문들을 실례로 선택하기란 어려운 일이다.15 예레미야 39장과 52장은 예루살렘의 멸망을 하나님의 경고를 무시한 결과로 이해한다. 아모스 4:6-13은 이스라엘이 레위기 26장과 신명기 28장에 언급된 계명들과 같은 경고에 대처하지 못했기 때문에 주의 날이 도래할 것이라고 주장한다. 그리고 예레미야 애가는 예루살렘의 멸망과 잇따른 고난을 레위기 26장과 신명기 28장에 근거하여 묘사하고 있다. 또한 마태복음 23:29-39도 예루살렘의 멸망을 묘사하기 위해 이런 이미지를 사용하고 있으며, 히브리서 12:3-28도 연단에 대한 표현을, 구약의 수많은 이미지들 가운데 하나로 사용한다. 이런 이미지들의 목적은 도래할 심판의 관점에서 독자들로 하여금 항상 주님께 신실해야만 함을 일깨워 주기 위한 것이었다.

---

15. 호세아-요나에 등장하는 레 26장과 신 27-28장의 표현들에 대한 목록으로는 Douglas Stuart, *Hosea-Jonah* (WBC 31; Waco: Word, 1987), xxxii-xlii을 보라.

드러난 주의 날: 선지서

선지자들은 오경에 나타난 방대한 자료들, 그리고 그들보다 앞선 선지자들의 가르침과 저작들 및 축적된 표현들을 유산으로 물려받았다. 그러므로 선지자들이 앞서 살펴보았던 심판의 이미지를 주의 날 개념과 제일 먼저 연결시켰던 그 시기와 상황들에 대해 정확하게 말하기란 불가능할 것이다. 그럼에도 불구하고, 예언 문헌에 나타난 이 심판의 다양한 용법들을 살펴보는 것은 가능하리라 본다. 이와 같은 주의 날에 대한 사상적 발전은 장단기 심판 선언, 오경의 이미지 사용, 이스라엘과 열방의 심판에 대한 강조점을 암시하고 있다. 선별된 본문들을 간략하게 분석할 때, 우리는 이러한 사상적 발전을 보여주는 요소들을 발견하게 될 것이다. 이 선별된 본문들은 후기 선지서에 속한 것들이지만, 전기 선지서의 본문들도 사용될 것이다(예를 들면, 삿 1-2장, 왕하 17장).

이사야 1-4장: 주의 날에 대한 분석

후기 선지서는 즉각적으로 주의 날을, 하나님의 심판을 표현하는 주요한 한 방식으로 소개한다. 이사야 1:1-31에 나타난 이스라엘에 대한 비난을 고려해 볼 때, 이사야 1-4장이 이스라엘의 심판(2:6-22)을 선언하기에 앞서 열방의 심판(2:1-5)을 다루고 있음은 흥미롭다. 이러한 방식은 여호와께서 온 인류의 창조자요 심판자이신 이스라엘의 거룩한 자임을 강조하는 이사야서의 논점을 보여준다. 또한 이러한 방식은 필요할 때에는 모든 인류를 심판하시는 창조주 하나님에 대한 오경의 강조점을 연상시킨다(창 3-9장). 이 단락은 주의 날을, "말일에"(2:1)라는 맥락 속에 위치시키며, 주의 날에 발생할 인간들의 공포와 두려움의 이미지를 소개한다. 이 주의 날 이미지는 마지막 심판을 강조하는 후대의 본문들에도 사용된다(2:19과 호 10:8, 눅 23:30, 계 6:16을 비교해 보라). 이 주의 날의 목적은 여기서 죄의 근원으로 나타나는(2:11-17), 인류의 교만뿐만 아니라, 이런 교만의 가장 과격한 모양인 우상숭배를 제거하는 것이다(2:8, 18). 이 특별한 맥락 속에서, 주의 날은 교만과 우상숭배를 궁극적으로 제거하기 위해 어떤 시점의 역사속에서 하나님께서 개입하신다는 것을 의미한다.

3:1-4:1에서 이사야는 최근 이스라엘의 영적인 상황과 역사적 배경을 강조한다. 지금 혹은 가까운 시간 안에(3:1의 "보라"라는 명령형과 현재형을 참고하라), 주님은 육체든 정부든 군사이든 간에 예루살렘의 지지기반을 제거할 것이다. 이스라엘의 죄는 소돔의 죄악과 같이 굳어버렸다(3:9; 창 18장을 보라). 그러므로 주님은 부의 모든 올가미를 제거함으로써 이 교만의 죄악을 공격하실 것이다(3:13-4:1). 주의 날은 도시의 멸망과 황폐함과 공허함을 초래할 것이다(3:25-26). 또한 이런 이미지들은 예레미야애가 1:1-10, 4:9-10에도 사용된다. 이런 이미지들은 거의 레위기 26장 혹은 신명기 27-28장에서 비롯된다. 이 주의 날은 2:1-22에 묘사된 바로 그 날과 같은 것인데, 이 날은 주님께서 교만과 그 결과들(혹은 교만과 그 행위들)을 심판할 때 직접 일으킨 사건으로 이해된다. 바로 이 주의 날은 시간상 처음의 날과는 다르다. 어떤 주의 날은 가까운 시간에 혹은 현재에 발생할 사건으로 묘사되는 반면, 다른 주의 날은 시간상 이후에 도래할 날로 묘사된다. 또한 우상과는 달리 교만의 구체적인 결과들이 언급되고 있음도 차이를 보여준다. 여기서 압제와 이웃을 사랑하지 않는 죄악들도 이 주의 날의 이유로서 강조된다. 이사야가 한 단일 맥락 속에서

주의 날에 대한 여러 형태들을 다루고 있음은 주목해 볼만한다. 왜냐하면 후대의 본문들도 이런 형식을 그대로 사용하기 때문이다.

이 단락(사 1-4장)은 두 가지 형태와 사례들로 소개된 주의 날 그 이후의 결과들 및 그와 관련된 약속들로 시작하고 끝을 맺는다. 이사야 2:1-5에서, 선지자는 열방이 주님의 법으로 돌아오는 것과 그의 길로 행하는 것을 강조한다. 이사야 4:2-6에서, 선지자는 그 궁극적인 결과들을 강조한다. 즉 하나님의 백성들은 죄가 없는 상태에서 그들의 하나님과 함께 시온에 거할 것이다. 이러한 모습(죄와 죽음과 같은 그 영향으로부터 벗어난 상태에서 하나님과 함께 하는 삶)는 하나님의 궁극적인 승리를 묘사하는 이사야의 방식이 된다(25:1-12; 65:17-25). 이 본문에서 누가 하나님의 백성인가? 그들은 하나님의 말씀을 듣기를 원하며 하나님과 교제하기 위해 그 분의 규례에 따라 생활하고자 하는 자들이다. 그들은 이사야 1:10-20에서 주님께 돌아오라는 선지자의 외침을 마음에 새기는 백성들이다.

이사야서에 나타나듯이, 9:1-7과 11:1-16은 도래할 다윗의 후손 즉 메시아가 주의 날에 심판의 역할을 수행할 것이라는 사상을 소개한다. 이 본문들은 또한 이 다윗과 같은 인물이 하나님의 신실한 자들의 회복에 어떤 역할을 수행할 것임을 시사해준다(또한 렘 32-33장을 보라). 심판은 점차 이 인물과 연결되어 가며, 정경이 진행되어갈수록, 이런 관점은 예수를 인자, 즉 온 인류의 심판자로 묘사하는 복음서에 이르러 그리고 예수를 하나님의 군대장으로 묘사하는 계시록에 이르러 그 절정에 도달한다(계 19:16).

이사야 1-4장에 나타난 하나님의 성품과 관련하여, 선지자는 독자들에게 만약 하나님이 이스라엘 가운데 남은 자들을 남겨두지 않았다면 그들이 소돔과 고모라와 같이 되었을 것임을 상기시켜준다(1:9). 이 남은 자의 생존은 이스라엘이 소돔과 고모라와 같이 악했을 때에도 발생하였다(1:10, 3:9). 그러므로 주님께서 최종 심판에 앞서 경고하셨음을 고려해 볼 때, 우리는 온 민족의 명백한 타락에도 불구하고 하나님의 지비가 우선적이라는 결론에 도달할 수 있을 것이다. 이러한 결론은 이사야 28:21의 표현과 그 맥락을 같이한다. 여기서 심판은 하나님의 이상한, 낯선 행동으로 나타난다. 출애굽기 34:6-7에서 이미 암시되었듯이, 하나님은 자비롭고, 긍휼하시지만, 죄악을 용납하지 않으신다. 하나님의 의로우심(창 18:25-26)은 하나님께서 죄를 용납하도록 허용하지는 않는다. 그러나 그 분의 긍휼하심은 자비를 배제한 체 심판을 수행하도록 이끌지는 않는다. 그리고 이 자비는 백성들로 하여금 돌이킬 수 있는 시간을 허락한다. 독자들은 죄와 심판 사이의 시간적 간격이 하나님의 인내보다는 무관심을 반영해 준다고 결론지을 수도 있다. 그러나 독자들은 하나님의 인내하심에 대해 깨닫게 될 것이다(습 1:12-13; 마 14:36-44; 벧후 3:1-13).

분명 이사야 1-4장은 논점을 제시할 때 오경의 본문들을 이끌어 온다. 여호와를 유일하신 하나님과 유일하신 심판자로 묘사하는 창세기 3-9장의 강조점 외에도, 이사야 1-4장은 소돔을 두 차례 언급하며, 특별히 언약 백성들을 향한 심판을 포함하고 있다(레 26장과 신 27-28장). 이스라엘과 여호와의 언약관계 및 책임들이 강조되며, 이런 강조점은 독자들로 하여금 출애굽기 34장, 레위기 26장 및 신명기 27-28장을 상기시킨다. 그러므로 이사야 1-4장에는 이전 본문들에 대한 직접적인 인용들이 거의 나타나지 않지만 오경에 발견되는 본문들의 사상들이 많이 나타난다.

이와 같은 이사야 1-4장의 요약은 다음과 같은 세 가지 기본적인 결론들로 이끌어 준다. 첫째, 이 본문은 심판을, 선지서에 나타난 주의 날로 소개한다. 그리고 이 본문은 주의 날에 대한 미래적 표현의 한 전형을 제공해 준다. 이 본문에서 주의 날에 대한 본질, 목적, 시간 및 이미지는 오경에 발견되는 사상을 반영해 주며, 이후의 구약과 신약의 기자들이 사용한 다양한 이미지들을 제공해 준다. 둘째, 이 본문은 분명 하나님의 자비를, 주의 날 단락들의 중심부에 위치시킨다. 이 본문은 주님께서 소돔과 같은 예루살렘에 몇 몇의 남은 자를 남겨두셨다고 말한다. 이것은 소돔의 경우와는 다른 것이다. 셋째, 이 본문은 이후 이사야가 다루는 주의 날에 대한 내용을 미리 소개한다. 즉 13-23장에서 열방에 대한 주의 날과 24-27장에 나오는 온 세상에 대한 주의 날이 이에 해당한다. 더욱이 이런 단락들은 오경의 이미지를 사용하며, 이스라엘과 열방에게 모두 전달되며, 가깝고 먼 심판을 모두 묘사하고 있으며, 여호와께서 모든 환경 속에서 자비롭게 행하신다는 증거를 제시하며, 하나님을 신뢰하며 그 분의 도로 행하는 자들에게 미래가 밝다는 것을 알려준다. 달리 말하면, 이사야 1-4장은 후기 선지서의 주의 날에 대한 적절한 서론이 된다. 이 논문의 범위 상 이사야에 나타난 주의 날을 보다 더 충분히 다룰 수 있는 여지가 없다. 예레미야나 에스겔의 경우와 마찬가지이다. 이사야, 예레미야 및 에스겔을 분석하면, 주의 날에 대한 연구가 더욱 풍성해 질 것이며, 우리가 다루는 주의 날에 대한 기본적인 사상들도 새롭게 이해 될 것이다.

12선지서: 주의 날에 대한 개관

12선지서는 종종 주의 날을 논의할 때 그 출발점으로 이해된다.[16] 그

---

16. Rowley, *The Faith of Israel*, 177 and John D.W. Watts, *Vision and Prophecy in Amos, Expanded Anniversary Edition* (Macon, GA: Mercer University press, 1997), 91-100을 보라. 이 문제에 대한 여러 입장들에 대한 논의로는 Gerhard F. Hasel, *Understanding the Book of Amos: Basic Issues in Current Interpretations* (Grand Rapids: Baker, 1991), 109-112을 보라.

이유 중 하나는 아모스 및 호세아가 정경에 나타난 주의 날에 대한 가장 오래된 표현이라는 생각 때문이다. 물론 우리는 사 1-4장과 관련된 이 본문들의 연도에 대해 토론할 수 있을 것이다. 그러나 이 시점에서 역사직인 언속성에 대해 관심을 기울이는 것만으로도 충분하다. 그럼에도 불구하고, 이미 언급되었다시피 12선지서를 이사야, 예레미야 및 에스겔의 관점에서 읽는 것은 타당한 것이다. 왜냐하면 12선지서는 이사야, 예레미야 및 에스겔의 수많은 신학적 주제들과 동일한 역사적 배경들을 공유하고 있기 때문이다.

이 논문의 본 단락은 요엘, 아모스, 스바냐 및 말라기에 나오는 주의 날에 대한 다양한 측면들을 강조할 것이다. 12선지서의 다른 책들도 주의 날을 논의한다. 그러나 주의 날이라는 주제는 특별히 요엘, 아모스, 스바냐 및 말라기에 두드러지게 나타나며, 말라기에서는 12선지서의 결론을 이끈다. 또한 이 책들은 12선지서의 시간 범위를 포괄한다. 이사야서에서와 같이, 이 책들에서도 주의 날은 과거, 현재 및 미래의 사건들을 포괄한다. 또한 이 책들은 이사야가 사용한 오경의 이미지를 사용하며, 신약의 기자들이 사용한 사상들을 제공한다.

롤프 렌토르프(Rolf Rendtorff)가 지적하듯이, "주님께로 돌아옴", "주님을 찾음", 혹은 "여호와께 피난처를 구함"과 같은 변화된 삶의 필요성과 관련된 주제들은 주의 날이라는 사상을 전제하거나 혹은 그 사상과 입장을 함께 한다.[17] 이러한 관련 사상들은 종종 이 책들의 초반부와 말미에 등장하며, 본문에 소개된 문제들의 해결책들로 나타난다. 그러므로 주의 날을 선포하는 것은 삶의 변화를 의도한 것이지 단지 죄를 정죄하기 위함이 아니다.

---

17. Rendtorff, "How to Read the Twelve as a Theological Unity," 86.

요엘

잘 알려져 있고 이미 철저하게 논의되어 왔다시피, 요엘의 연도를 정확하게 결정하기란 거의 불가능하다. 그렇지만 이 책은 두 명의 8세기 선지자들 사이에 위치하며, 그렇기 때문에 그런 맥락에 비추어 이 책을 읽는 것이 최선일 것이다. 이 책은 매우 신속하게 그 중심 주제로 이동한다. 이 본문은 미래의 후손들을 위해 기록될만한 가치가 있는, 엄청나고도 기이한 메뚜기 재앙을 선언한다(1:2-4). 이 재앙은 2장에 등장하는 군사적 침략과 비교된다. 그리고 이 재앙은 주의 날이 도래하기 전 여호와께 돌아오라는 반복적인 외침의 기회를 제공해준다. 이 책 후반부의 배경은 인간의 반응과 하나님의 심판의 결과로서 회복이 발생할 것임을 암시해 준다. 그러므로 호세아와 요엘은 신학적으로 볼 때 이러한 강조점을 통해 연결된다.[18]

1:5-14에서 선지자는 곧 임박해 있는 일들을 환기시키기 위해 모든 대중들을 향해 경고의 메시지를 보낸다. 백성들은 이 메뚜기 재앙으로 포도주를 마실 수 없으며, 수확을 거둘 수 없으며, 제사장이 바칠 희생이 없을 것이라는 경고를 받는다. 이 도래할 "주의 날" 때문에, 그들의 수확은 모두 소멸될 것이다(1:15-18). 목초와 나무들이 시들 때, 선지자는 주님께 부르짖는다(1:19-20). 이 시점에서 범죄에 대한 것은 표현되지 않는다. 그러나 제사장들은 적어도 이스라엘이 주님의 도움을 필요로 한다는 점을 인정하고 있다. 이 주의 날이 도래할 것이며, 오직 주님만이 도움을 줄 수 있다.

주의 날을 묘사하는 메뚜기 이미지의 용법은 요엘에만 나타나는 것은

---

18. 이 문제에 관해서는 Ibid., 94-100을 보라.

아니다. 제임스 노갈스키(James Nogalski)가 말한 바와 같이, "메뚜기 이미지는 메뚜기, 가뭄 및 원수의 침략과 같은 위협을 보여주는 다양한 자료들을 결합시키고 있다.[19] 이후의 12선지서의 몇 몇 본문들(암 4:9; 나 3:16b, 17; 합 1:9; 말 3:10)은 여호와의 백성들을 향한 하나님의 위협을 가리키기 위해 메뚜기의 메타포를 사용한다." 아마도 메뚜기 떼는 주의 날을 표현하는 예언 문헌의 전형적인 한 부분이었을 것이다. 만약 그렇다면, 12선지서의 경우도 그와 마찬가지일 것이다. 출애굽기 10:1-19에서 주님은 애굽에게 메뚜기를 보낸다. 신명기 28:38은 이스라엘은 그들의 언약 파트너인 여호와께 계속해서 죄악을 범하면 메뚜기 재앙이 있을 것이라고 경고한다. 이런 관점에서 볼 때, 요엘은 비 이스라엘인들에게 고통을 주었던 동일한 방식으로 이스라엘에게 고통을 줄 수 있다는 사상을 소개하고 있다. 이와 같은 요엘 선지자는 주의 날의 보편적인 특징을 강조하고 있다. 그러나 선지자는 그 보편적 진리의 한 특정한 표현들을 사용함으로써 그 진리를 강조하고 있다.

그 다음 여호와는 시온에서 나팔 소리가 울릴 것임을 선포하면서 주의 날의 임박성과 그 끔찍한 성격을 선언한다(2:1). 사자의 포효와 같이, 나팔 소리는 재난과 그 재난에 반응해야 할 필요성을 상징해 준다(호 5:8; 8:1). 시온에 대한 언급은 아마도 유다가 공격을 받는 민족임을 암시해 준다.[20] 요엘의 첫 장은 시골 지역에 닥칠 위험을 경고하며, 두 번째 장은 예루살렘을 향한 위협을 묘사해 준다.[21] 주의 날이 가까웠기 때문

---

19. James D. Nogalski, "Intertextuality in the Twelve," *Forming Prophetic Literature: Essays on Isaiah and the Twelve in Honor of John D.W. Watts*, James W. Watts and Paul R. House ed. (JSOTSup 235; Sheffield: Sheffield Academic Press, 1996), 117.

20. Sweeney, *The Twelve Prophets: Volume One*, 161.

21. Barton, *Joel and Obadiah*, 70.

에, 이 위험은 즉각적이다(2:1; 욥 1:5을 보라). 그 날은 어둠의 날이며, 크고 강대한 군대가 공격할 태세를 갖출 것이다(2:2). 이 침략자들은 에덴동산과 같은 신선한 장소를 황폐하게 만들 것이다(2:3). 그들은 타오르는 불과 같으며, 난폭하고도 끔찍한 면 때문에(2:7-9) 모든 사람들이 그들을 두려워 할 것이다(2:6). 누가 이들의 침략을 이겨낼 수 있겠는가? 백성들은 상황에 처할 것인가?

호세아 6:1-3과 14:1-9에서와 같이, 백성들의 유일한 희망은 주님께로 돌아오는 것 뿐이다. 요엘은 백성들이 온 마음을 다해 "금식하며 슬피 울며 애곡"함으로써 여호와께 돌아가야 한다고 말한다(2:12). 그들은 옷이 아닌, 마음을 찢어야만 한다(2:13). 하나님은 "은혜로우시며 자비로우시며 노하기를 더디하시며 인애가 크시사 뜻을 돌이켜 재앙을 내리지 아니하시는" 분이다(2:13). 이러한 신념은 독자들에게 황금 송아지 사건 다음에 오는 출애굽기 34:6-7의 표현을 상기시켜주며, 니느웨를 용서하고자 하는 하나님의 이유를 제시하는 요나서 4:2을 바라보게 한다. 그러므로 주님은 황금 송아지 사건 혹은 니느웨의 회개에 나타나듯이 돌이키시며 긍휼을 베푸시는 분이다(2:14). 달리 말하면, 선지자들의 설교를 듣고 돌이키는 행위는 하나님께서 그들에게 돌아가 호의로 대하도록 이끌어 줄 것이다.

2:12-14에서 여호와의 본성을 제시해 온 선지자는 2:15-17에서 기도와 금식을 촉구한다. 달리 말하면, 백성들은 모세가 황금 송아지 사건 이후에 기도했던 것과 비슷한 방식으로 기도해야만 한다(출 32:11-14). 즉 그들은 이스라엘에 대한 하나님의 선택하심과 열방에 대한 하나님의 명성에 근거하여 하나님께 간청해야만 한다. 그러므로 "돌이킴"(returning)은 어떤 구체적인 내용을 갖는다. "돌이킴"은 겸손, 금식, 기도 및 언약적 하나님의 본성에 근거한 중보의 탄식을 함축한다. 돌이킴은 단지 혹

독한 위기에 대한 심리적인 반응은 아니다.

백성들이 이런 방식으로 돌이킬 때, 주님은 긍휼을 베푸실 것이다(2:18).[22] 여호와는 소출을 회복시킬 것이며(2:19), 침략자를 내쫓을 것이며(2:20), 가축을 소생시킬 것이며(2:21-22), 비를 내리실 것이며(2:23), 포도주를 채워주실 것이며(2:24), 풍작을 허락하실 것이며(2:25), 백성들을 풍족히 먹이실 것이다(2:26). 이러한 낙관적인 농경 이미지는 호세아 14:4-9의 이미지와 일치한다.[23] 가장 중요한 점은, 백성들이 주님께서 그들의 하나님이며 다른 신은 없다는 것을 깨닫게 될 것이라는 점이다(2:27). 이와 같은 이스라엘의 근본적인 신념은 신명기 6:4-9, 신명기 32:39 및 이사야 40-48장에 근거한 것이다. 돌이킴은 회복을 촉발시킨다. 그러나 그 회복의 기간은 제시되지 않는다. 이제 본문은 주의 날의 미래적 측면을 강조한다. 본문에 그저 "후일에"(afterward)라고 묘사된 어느 미래에, 하나님은 그의 영을 온 육체에 부어주실 것이며, 이스라엘의 모든 백성들이 예언을 하게 될 것이다(2:28-29). 기적들이 "주님의 크고 놀라운 날"에 일어날 것이다(2:30). 이 "주님의 크고 놀라운 날"이라는 표현은 이 주의 날을 요엘 2:11에 언급된 그 날과 연결시켜준다.[24] 그러나 이 날은 적어도 한 가지 중요한 방식에 있어서 다른 점을 보여준다. 제임스 크렌쇼(James Crenshaw)는 "이제 요엘은 다른 민족들이 그런 무서운 경험을 겪게 될 것이지만 하나님의 백성들은 이 때에 하나님의 노여움으로부터 벗어날 것이라는 것을 시사하고 있다"고 말한다.[25] 시온은

---

22. Ibid., 78-79.
23. 이 이미지에 관해서는 Nogalski, "Joel as 'Literary Anchor' for the Book of the Twelve," 100-104을 보라.
24. James L. Crenshaw, *Joel* (Anchor Bible 24C; New York: Doubleday, 1995), 169.
25. Ibid., 196.

주님을 찾는 자들의 피난처가 될 것이다(2:32). 요엘의 나머지 부분에서, 시온은 하나님이 거하는 거룩한 처소가 된다(3:16-17, 21; 미 4:2-13; 습 3:14-16; 슥 9:9). 그렇지만 다른 민족들은 "그 날에"(3:1-8) 심판을 당할 것이다. 시온을 공격하는 어느 군대든지 실패할 것이다(3:9-12). 왜냐하면 주님께서 악인을 향해 부르짖기 때문이다(3:16; 암 1:2). 이러한 하나님의 부르짖음(roar)은 그 군대를 향한 심판의 날이 임박했음을 의미한다(3:14; 욥 1:5).

"이 날"의 결과는 적어도 다음과 같은 세 가지로 나타난다. 첫째, 열방은 주님만이 하나님이심을 인정하며 이스라엘과 연합할 것이다(3:17, 2:27). 둘째, 예루살렘과 시온은 거룩한 곳이 될 것이며(3:17), 하나님은 그 땅을 회복시킬 것이다(3:18; 2:18-27과 호 14:4-9를 보라). 셋째, 하나님은 애굽과 에돔을 황폐화시킬 것이지만(3:19), 주님께서 시온에 거하시기 때문에(3:21), 유다는 거할 수 있는 곳이 될 것이다(3:20). 이러한 회복의 요소들은 미가 4-5장과 스바냐 3:6-20과 같은 이후의 본문에 전형적인 요소들이 된다. 이런 요소들은 또한 독자들로 하여금 신명기 28:1-14; 사무엘하 7:1-11 및 이사야 65:17-25을 상기시켜준다. 그러므로 이런 요소들은 궁극적으로 신실한 자들의 구원으로 인도할, 즉각적인 심판과 장기간의 심판을 묘사해 주는 두 이미지를 결합시키고 있다.

주의 날에 대한 요엘의 묘사는 이사야에 이미 나타나는 많은 측면들을 포함하고 있으며, 이후의 성경에 등장하는 주의 날에 대한 어떤 특별한 측면들도 함축하고 있다. 첫째, 요엘의 묘사는 오경에 나타나는 이미지를 강조한다. 출애굽에 근거한 메타포들과 출애굽기 32-34장은 특히 두드러진다. 둘째, 요엘은 주의 날을 두 가지 방식으로 묘사한다. 요엘은 이 주의 날을 가깝고도 먼 미래에 위치시킨다. 셋째, 요엘은 "후일"이라는 표현을, 우주적인 심판의 때로 간주한다. 요엘은 이스라엘로 시작하여 열방으로 나아간다. 그러므로 그의 강조점은 이사야와 일치한다. 넷째, 요엘은 주의 날의 궁극적인 결과로서, 하나님의 백성들이 여호와와 함께 시온에 거할 것이며 악인들이 하나님의 진노를 당할 것임을 알려준다.

아모스

호세아와 아모스의 표제는 이 책의 시기를 동일한 시대, 즉 주전 8세기 후반부에 위치시키고 있다. 비록 학자들은 대개 아모스가 호세아 이전에 기록되었다고 주장하지만, 예레미야스(Jorg Jeremias)는 아모스의 편집자들이 호세아의 관점에 비추어 아모스를 읽어야만 했다고 주장해 왔다.[26] 만약 그렇다면, 이 청중들은 회개, 회복 및 하나님의 백성들의 미래와의 상호작용에 관심을 갖고 있었을 것이다. 왜냐하면 아모스는 호세아와 요엘에서 시작된 이런 주제들에 대한 강조를 계속 나타내기 때문이다. 이 모든 주제들은 주의 날 개념과 밀접하게 연결되어 있다. 이스라엘의 죄와 회개의 필요성은 심판의 위협을 통해 강하게 드러나는 언약적 개념들이다. 이스라엘의 미래적 갱신은 오직 회개 혹은 "정결의 날"을 통해서만 이루어질 수 있다. 이 날은 임박성과 미래성의 요소를 가지고 있다. 이 날은 백성들의 삶을 통해 윤리적 혁신을 요청한다. 간략히 말하면, 이 날은 개인적이고도 민족적인 종말론을 내포한다.[27]

---

26. Jorg Jeremias, "The Interrelationship between Amos and Hosea," *Forming Prophetic Literature: Essays on Isaiah and the Twelve in Honor of John D. W. Watts*, ed. James W. Watts and Paul R. House (JSOTSup 235 ; Sheffield Academic Press, 1996), 185-186.

27. Hasel, *Understanding the Book of Amos*, 112.

아모스는 호세아와 요엘과의 세가지 연관성과 함께 시작한다. 첫째, 아모스는 시온에서 울부짖는 주님과 함께 책의 서막을 알린다(1:2; 호 3:16을 보라). 둘째, 1:2-2:3은 요엘 3장에서 시작된 주제인 열방의 죄에 대해 묘사하며, 2:4-16에는 호세아 1-3장에서 시작된 주제인 이스라엘과 유다의 죄에 대한 묘사가 계속 제시된다. 셋째, 이런 반역적인 행위는 "그 날"(2:16)에 심판을 초래할 것이다(2:4, 6).

하나님은 "애굽에서 이끌어 내었던 온 족속"들에게 진노하신다(3:1). 그는 그들을 온 열방으로부터 선택하셨으나, 그들은 하나님과의 관계를 깨뜨리고 언약을 저버림으로써 죄악을 범하고 말았다(3:2). 호세아와 요엘에 나타나듯이, 사자가 울부짖으며 나팔이 울려퍼지는데, 이것은 모두 임박한 심판을 암시한다(3:3-8). 왜 심판이 도래하는가? 유다와 이스라엘이 선지자들을 무시하기 때문이다(3:7-8; 왕하 17:13-14). 백성들은 옳은 일을 행하기를 알지 못하기 때문이다(3:10). 그러한 행위는 오직 그 땅을 정화시킬 대적의 침략을 초래할 뿐이다(3:11-15; 호 9:7-10:15을 보라). 벧엘과 같은 우상의 제단들은 파괴될 것이다(3;14; 호 4:15-19과 10:5, 15).

아모스 4:6-13은 끔찍한 심판을 피할 수 있는 길은 오직 여호와께로 돌아가는 것 뿐이라는 요엘 2:1-17의 메시지에 동의한다(또한 호 6:1-3과 호 14:1-3을 보라). 그러나 이전의 책들과는 달리, 아모스는 이런 상황을 부정적으로 진술한다. 즉, 신명기 28:15-24을 연상시키는 단락에서, 아모스는 주님께서 이스라엘의 도적적 죄악을 일깨워주신다해도 그들이 여호와께로 돌아가지 않았다고 주장한다(4:7, 9, 10, 11). 그러므로, 본문은 타락한 이스라엘에 대한 탄식을 촉구한다(5:1-3; 신 28:45-57). 그러나 주님께로 돌아가지 못함에도 불구하고, 여전히 "주님을 찾아 살아남을 수 있는" 시간이 남아있다(5:4, 5, 6, 14; 호 3:5; 5:6; 5;15 그리고 10:12). 이 구절에서 "구하는 것"과 "돌아오는 것"은 동일한 것이다.

왜냐하면 이 둘은 여호와를 위해 길갈과 벧엘과 같은 이교 제단들을 포기할 것을 요구하기 때문이다(5:4-5). 더욱이, 이스라엘은 악이 아닌, 선을 구해야만 하며(5:14), "악을 미워하고, 선을 사랑하며, 문에서 공의를 세우며(5:15), 공의가 하수처럼 흘러나도록(5:27) 해야하기 때문에, 이것은 이전의 행위로 다시 돌아가는 것 그 이상을 함축하고 있다.

이처럼 만약 주의 날을 피하고자 한다면, 윤리적 갱신에 근거한 언약이 필요하다(5:18-20). 백성들은 그들의 위험을 깨닫지 못한다. 그들은 주의 날이 그들에게 축복의 날이 될 것이라고 믿는다. 그들은 이 날이 그들의 대적들을 심판해 줄 것이라고 믿는다. 어떤 점에서 그들은 옳다. 왜냐하면 1:2-2:16은 여호와께서 어떤 죄든지 심판하실 것이라고 말하기 때문이다. 그럼에도 불구하고, 밴게메렌이 말하듯이, "그러나 그들은 그들의 교만에도 불구하고 그 날을, 축복과 번영의 시대로서 갈망했었다(5:18-20)."[28] 언약의 백성들은 이전에 여호와와 이웃을 향한 그들의 헌신에 비추어 그들의 행동을 변화시키라는 경고에 주의를 기울어야만 한다. 만약 회개가 있다면, 그 날은 여전히 구원의 날이 될 수 있을 것이다.[29]

슬프게도, 아모스 6:1-9:10은 요엘에서 나타나는 "돌이킴/회개함"과 같은 요소들이 전혀 언급되지 않는다. 자비를 향한 아모스의 기도는 일시적으로 심판을 연기시킨다(7:1-9). 그러나 그 다음에는 검 혹은 군사적 멸망에 대한 약속이 불순종의 민족을 기다린다(9:10). 선지자의 기도로 말미암아 심판을 넘어가려는 하나님의 의지는 "돌이킴/회개"가 그러한

---

28. Willem VanGemeren, *Interpreting the Prophetic Word: An Introduction to the Prophetic Literature of the Old Testament* (Grand Rapids: Zondervan, 1990), 134.

29. Elmer Martens, *God's Design: A Focus on Old Testament Theology*, 2nd edition (Grand Rapids: Baker, 1994), 133.

결과를 초래할 수도 있었을 것이라는 점을 암시해준다. 그러나 이스라엘은 피할 수 없다. 이스라엘 민족은 포로로 잡혀 갈 것이다(9:4). 아모스의 원 독자들은 이 위협이 앗수르가 사마리아를 정복할 때인 주전 722년에 이루어졌음을 알고 있다.

그러나 하나님의 진노를 경험한 이스라엘은 궁극적으로 다시 하나님의 축복을 향유할 것이다. 마튼스(Elmer Martens)가 주장하듯이 "궁극적으로 주의 날은 여호와의 구원계획의 한 일부이다".30 "그 날에" 여호와는 다윗의 장막을 회복시킬 것이며 그 다윗의 통치아래 에돔을 다스릴 것이다(9:11-12). 땅의 갱신(9:13)과 삶의 번영(9:14)과 안전의 회복(9:15)을 위해 그 날이 도래할 것이다. 달리 말하면, 본문은 백성들의 미래를 묘사하기 위해 요엘 3:18에 나타나는 유사한 표현을 사용한다. 돌이킴은 이 본문에서 직접적으로 언급되지는 않는다. 그러나 이 시점에서 혹자는 아모스가 돌이킴의 형식을 전제하고 있을 것이라 추론할 것이다.

아모스에서, 호세아와 요엘에서와 같이 주의 날의 위협은 새로운 시작의 기회를 가져다 준다. 위협에 주의를 기울이는 자들은 주님을 찾고 그에게로 돌아가며 용서와 회복을 발견할 것이다. 위협을 전달하는 선지자들은 기도하며 백성들을 위한 새로운 시작을 알려주는 메시지를 전달할 것이다. 만약 선지자들의 노력이 회개하지 않음으로 수포로 돌아간다면, 주의 날은 새로운 시작을 가져다 줄 것이다. 그 날은 백성들의 죄를 정화시키며, 살아계신 하나님의 대리자인 선지자들과 같은 이들을 남겨둘 것이다. 12선지서의 포로기 후 독자들은 그들의 현 상황이 새로운 시작을 요구하는지, 그리고 어떤 방식으로 그들이 바라던 신선한 시작을 이룰 수 있는지를 결정할 수 있었다.

---

30. Ibid., 131-136.

아모스는 선행 본문에 암시되었으나 두드러지게 나타나지는 않았던 주의 날에 대한 정경적 발전 과정에 윤리적 요소를 추가 시킨다. 주의 날은 죄 때문에 발생할 것이다. 그러나 언약 백성들이 심판을 피하려면 분명 신실한 방식으로 살아야만 한다. 여호와는 심판을 행하기를 원치 않는다. 오히려, 여호와는 백성들이 멸망의 행동으로부터 돌이키도록 최선을 다하셨다. 그는 주의 날이 도래할 것이라는 경고를 이전에 미리 알리셨다. 그는 이스라엘과 유다의 왕국을 멸망시킬 주의 날을 보내기에 앞서 먼저 경고하신다. 그는 최후의 주님의 정결의 날을 보내기에 앞서 독자들에게 경고하신다. 심판은 이 여호와의 자비를 무시하거나 혹은 멸시하는 자들에게 임할 것이다.

스바냐

스바냐는 요시아 가 통치하던 주전 7세기를 배경으로 한다. 다른 연대 자료들이 나타나지 않기 때문에, 스바냐 선지자가 요시아 개혁 이전에 혹은 이후에 사역했는지에 관해서 단정짓는 것은 불가능하다(왕하 22-23장을 보라). 구체적인 날짜언급에도 불구하고, 스바냐는 분명 이사야 혹은 아모스 이후의 시대에 속하며, 그러므로 주전 8세기 이후의 주의 날에 대한 관점을 제시하고 있다. 스바냐는 앞선 주의 날 이미지를 충분히 사용한다. 스바냐는 창세기 1-2장과 창세기 9장에 근거한 창조 모티브의 반전을 사용한다. 스바냐는 단지 이스라엘이 아닌, 이방 족속들에게도 전달된다(2:4-15). 스바냐가 이스라엘에 대해 선포할 때는 언약의 저주를 사용한다(3:1-5). 또한 스바냐는 새 하늘과 새 땅의 신학과 관련된 사상들을 사용한다(사 65:17-25; 3:1-18을 보라). 끝으로 스바냐는 신약의 기자들처럼 전적인 파멸, 불신앙적 조소 그리고 불의 심판을 연결시키고 있다.

스바냐 1:1-18은 주의 날을, 여호와께서 죄악을 "쓸어버릴 때" 혹은 "종식시킬 때"로 묘사한다.[31] 이런 표현은 점차 구체적인 방향으로 이동해 간다. 1:2-3에서 여호와는 인류와 동물들을 지면에서 쓸어버리겠다고 위협한다. 여호와는 홍수 기사에 나타난 것처럼 그리고 호세아 4:3에서 위협하셨듯이 창조를 뒤집어 버릴 것이다.[32] 이 주의 날에 대한 처절함으로 표현해 주는 스바냐 선지자는 여호와께서 그 날에 유다와 예루살렘을 심판하실 것이라고 말한다(1:4). 심지어 보다 구체적으로 말하면 여호와는 배교한 제사장들(1:4-6), 억압하는 관료들(1:7-9), 탐욕의 상인들(1:10-11), 그리고 여호와께서 현재의 심각한 죄에 대해 아무렇게도 생각지 않는다고 조롱하는 자들(1:12-13)을 심판하실 것이다. 주의 날이 가까워왔다(1:14). 그것은 파멸과 어둠의 날이며(1:4-14; 참조. 신 28:28-29) 전투의 날이다(1:16). 부자는 이 날에 피할 수 없을 것이며, 이 날에 주님의 뜨거운 진노가 온 땅을 사를 것이다(1:18). 모든 악인은 그 날에 임하는 여호와의 정화작업을 경험케 될 것이다. 이사야 1-4장에서와 같이, 이 날에는 열방의 온 백성들도 제외되지 않을 것이다.

"주의 날이 가까워왔다"는 사실에도 불구하고(1:7; 참조. 욜 1:15, 2:1,

---

31. 습 1:2은 난해함으로 유명한 구절이다. 맛소라 본문(BHS)은 "쓸어버리다"("sweep away")로 소개하는 반면, 많은 학자들은 "모으다"("gather")로 해석한다. 그럼에도 불구하고, 의미는 분명하다: 여호와께서 창조의 광범위한 정화작업을 시작하실 것이다. 언어학적 연구의 다른 입장을 살펴보려면 J.J.M. Roberts, *Nahum, Habakkuk, and Zephaniah* (OTL; Louisville: Westminster/John Knox Press, 1991) 167; J. Alec Motyer, "Zephaniah," in *The Minor Prophets: An Exegetical and Expository Commentary*, ed. Thomas McComiskey (Grand Rapids: Baker, 2003), 58-62을 보라.

32. Michael De Roche, "Zephaniah 1:2-3: The 'Sweeping' of Creation," *VT* 30 (1980), 104-109을 보라. 홍수가 이 본문의 유일한 배경이 아니라는 주장으로는 Marvin A. Sweeney, *Zephaniah* (Hermeneia; Minneapolis: Fortress Press, 2003), 62-63을 보라.

11, 15, 31; 암 5:18; 옵 15), 선지자는 백성들을 향해 "여호와께 구하라"고 촉구한다(2:3). 여기서 여호와께 구한다는 것은 "의를 구한다" "겸손을 구한다"는 의미를 지닌다(2:3). 이처럼 여호와를 구하는 것은 "주님의 신노의 날에 피할 수 있도록" 해준다(2:3). 흥미롭게도, 이렇게 구하는 것이 12선지서의 이전 선지서에서 나타나듯이 수의 날을 무효화시키지는 못할 것이다. 단지 이렇게 여호와께 구하는 것은 피할 수 없는 주의 날에 여호와를 찾는 자들을 피하도록 해 줄 뿐이다. 이 땅의 "겸손한 자들"은 주님을 피난처로 삼을 것이며, 주님은 오직 이들만의 피난처가 될 것이다. 그들은 보존되겠지만, 열방은 그렇지 못할 것이다. 이와 같은 본문은 12선지서의 이전 독자들로 하여금 하박국과 예레미야와 같은 이 땅의 겸손한 자들이 왜 세상의 멸망 때에 고통을 당하게 되는지를 이해하도록 이끌어 줄 것이다.

곧이어 스바냐는 블레셋(2:4-7), 모압(2:8-11), 구스(2:12) 그리고 앗수르(2:13-15)를 열거하며 이들을 심판의 대상으로 소개한다. 이 본문들은 이보다 긴 이사야 13-23장, 예레미야 46-51장 그리고 에스겔 23-25장 및 아모스 1:2-2:3과 같은 본문들을 반추해 준다. 게다가 심판의 이유도 이전의 본문들에 제시된 것들과 유사하다: 교만(2:15), 사실상 자기 숭배를 낳는 우상숭배(2:11), 그리고 다른 사람들에 대한 억압.

안타깝게도, 스바냐가 회복을 가져다 줄 심판의 발전과정을 기술할 때, 유다도 그 심판의 대상으로 열거된다(3:1-5). 이 선택받은 민족은 여호와께 이방인처럼 행동하였다. 카펄루드(Arvid Kapelrud)의 말처럼, "그의 백성들에 가운데 벌어진 일들은 선택 받은 백성들의 질적인 의무를 결여했으며, 이것은 오직 죽음과 파멸만을 초래할 뿐이었다."[33] 그러므로 2:1-3:5은 1:1-18이 개괄적으로 소개한 것을 구체적으로 진술하고 있다. 즉 유다와 온 세상은 창조주와 서로에 대한 죄악으로 인해 여호와의 진노에 직면할 것이다. 여호와는 의로우시기 때문에(3:5), 그리고 유다는 여호와의 교정을 거절했기 때문에(3:2), 여호와는 심판을 행하실 것이다. 만약 백성들이 주님의 교정을 수용했다면(3:7), 유다의 화는 무마될 수 있었을 것이다(2:1-3을 보라). 부패한 행동에 열을 올리는 그들의 행동을 고려해 볼 때(3:7), 주님은 그의 준엄함을 나타내시고자 하시며, 그 결과 "온 세상이 불길에 휩쓸릴 것이다(3:8). 지금까지, 12선지서는 결코 온 세상의 심판에 대한 이미지를 제시하지는 않았다.

주님은 이 심판을 통해 열방과 유다를 새롭게 하실 것이다. 주님은 백성들의 말을 순전한 말로 변화시킬 것이며, 이 모든 사람들은 주님의 이름을 부르며 한 마음으로 주님을 섬길 것이다(3:9). 벌린(Adele Berlin)은 "이런 사상은 주님을 향한 보편적 예배를 의미하는 듯하며, 2:11에 나오는 사상 혹은 그 이상의 의미를 상기시켜준다"[34] 고 말한다. 스위니(Marvin Sweeney)는 "9절은 바벨탑 전승에 나오는 열방의 흩어짐에 대한 반전으로 등장한다…열방이 여호와를 부름은 아이러니칼 하게도 열방이 탑을 건설하기보다는 여호와를 부르기를 고대했던 여호와의 열망을 묘사해 주는 듯 하다"[35] 고 말한다. 더욱이, "흩어진 자들"은 먼데로부터 주님을 예배하기 위해 올 것이며(3:10), 주님은 세상은 "겸손하고 낮은 자들"을 남겨두실 것이다(3:10). 그들은 주님의 이름으로 피난처를 찾을 것이다(3:12).

여호와는 이 회복된 백성들을 위해 놀라운 일을 행하실 것이다. 그는

---

33. Arvid Kapelrud, *The Message of the Prophet Zephaniah: Morphology and Ideas* (Oslo-Bergen-Troms: Universitestforlaget, 1975), 87.

34. Adele Berlin, *Zephaniah* (Anchor Bible 25A; New York: Doubleday, 1994), 133.

35. Sweeney, *Zephaniah*, 184.

이들을 모을 것이며(3:18), 그들의 압제자들을 제거할 것이며(3:19), 그들의 저는 다리를 치료하실 것이며(3:19), 그들의 수치를 제거할 것이며(3:19), 그들을 온전히 회복시킬 것이다(3:20). 실로 이 회복은 심판만큼이나 철저하게 이루어실 것이다. 카펄루드(Kaperlrud)는 "이러한 권고는 의심의 여지가 없다. 또 다른 날이 도래할 것이며, 그 때는 더 이상 두려워할 필요도 없으며, 대적들이 제거될 것이며, 수치가 찬송으로 변화될 것이다."고 말한다.36 실로 새로운 시작이 열방과 유다 위에 임했던 심판 이후에 서서히 드러날 것이다. 이 환상은 실로 종말론적이다. 이 환상은 정결함이 다스리는 때, 그리고 죄악이 더 이상 여호와를 섬기는 백성들에게 영향을 주지 못하는 때를 가리킨다.

스바냐에는 회복에 대한 두 가지 방식이 나타난다. 백성들은 주님을 찾든지 아니면 주의 날을 경험하게 될 것이다. "땅의 겸손한 자들"은 하나님을 찾던 자들과 같다. 그들은 이스라엘의 남은 자들이며, 주의 날의 온 영향력이 행사된 후 정화된 초민족적 그룹이 그들에게 연합될 것이다. 이와 같이 스바냐는 어떻게 심판이 이스라엘과 열방에게 임하며, 심판이 최후의 단어가 아님을 보여주는 일련의 개요로서 작용한다. 갱신이야말로 최후의 단어이다. 이 단어는 아마도 12선지서의 첫 청중들에게 위로를 가져다 주었을 것이며, 오늘날 그 날을 기다리는 자들에게도 동일한 위로의 역사를 제공해 준다.

말라기

말라기의 표제는 선지자의 연도 혹은 가족에 대한 정보를 제공해 주지 않는다. 말라기는 분명 학개와 스가랴와 같은 포로기 후 시대의 선지

---

36. Kapelrud, *The Message of the Prophet Zephaniah*, 90.

자임이 분명하다. 그러나 이러한 결론은 표제자체보다는 말라기의 내용을 분석함으로써 도출되어야만 한다. 말라기의 내용들은 백성들을, 하나님의 사랑에 의문을 품는 자들로(1:2-5), 타락한 제물을 바치는 자들로(1:6-14), 자신들을 올바로 가르치지 않는 제사장들을 좋아하는 자들로(2:1-9), 하나님과 맺은 언약과 그들의 배우자들과 맺은 언약을 더럽히는 자들로(2:10-16), 그리고 하나님의 재물을 도적질 하는 자들(3:6-14)로 묘사한다. 분명, 스바냐에서 묘사된 영광스런 회복은 아직 이루어지지 않았다.

둘째, 학자들은 종종 이런 음울한 그림을 에스라와 느헤미야 시대와 연결시켜왔다.37 그러나 레딧(Paul Redditt)은 말라기의 내용들이 주전 515-445을 말라기의 가능한 구성 시기로 고정시켜 준다고 올바로 주장하다.38 힐(Andrew Hill)은, 이 책의 언어적 자료들은 이 책이 아마도 대략 주전 500년에 기록되었음을 암시해 준다고 주장하며, 말라기는 학개와 말라기 시대에 더 근접한 상황을 전달하고 있다고 주장한다.39 만약 힐이 옳다면, 말라기는 백성들이 이전에 예배에 임했던 그들의 태도와 스바냐에 약속된 영광의 시대를 이루지 못한 그들의 실패에 대한 전반적인 실망감을 다루고 있는 것이다. 말라기는 변화를 촉구하며 회복의 약속을 사용하면서 부분적으로 이런 주제를 다루고 있는 것이다. 말라기 선지자는 그들을 향한 주님의 사랑에 대한 확신의 결핍(1:2-5)과 그들의

---

37. Marvin A. Sweeney는 *The Twelve Prophets*: Volume Two, 715-716에서 이런 입장을 취한다.

38. Paul Redditt, *Haggai, Zechariah, Malachi* (NCB; Grand Rapids: Eerdmans, 1995), 150.

39. Andrew E. Hill, *Malachi* (Anchor Bible 25D; New York: Doubleday, 1998), 80-84.

타락한 제물(1:6-14)에 대한 메시지를 전달한 후 변화를 촉구하는 새로운 표현들을 사용한다. 말라기는 "마음에 두라"(2:2)고 그들에게 말한다. 이 표현은 그들의 행동을 직시하라는 학개의 명령(학 1:7)과 매우 유사한 듯하다. 말라기는 "심령을 지키며" 행동을 바꾸라는 훈계와 함께 이런 명령을 전달한다(2:15, 16). 기짓 울음과 탄식은 이런 변화된 행동으로 대체되어야만 한다(2:13). 비록 변화에 대한 이전의 표현들이 나타나지는 않지만, 메시지의 효과는 동일하다.

요엘, 요나, 학개 및 스가랴에서 나타나듯이, 어떤 청중들은 이런 메시지에 반응을 보인다. 학개 1:12에 나타나듯이, 어떤 사람들은 주님을 두려워하며, 그들의 상태를 바라보며 하나님으로부터 용서를 받는다(3:16-18). 이러한 백성들은 하나님의 특별한 소유가 될 것이며(3:17; 출 19:5), 하나님은 그들을 "사람이 자기를 섬기는 아들을 아낌같이" 아낄 것이다(3:17; 호 11:1-9을 보라). 자신에게 돌아오라는 하나님의 부르심에 순종하는 자들은 심판이 더 이상 필요치 않다는 것을 깨닫게 된다.

말라기는 주의 날에 대한 최종적인 언급으로 12선지서를 마감한다. 악인들은 그 날을 두려워 할 것이다(4:1; 암 5:18-27을 보라). 그러나 여호와를 두려워하는 자들, 달리 표현하자면 하나님께로 돌이키는 자들은 축복을 받을 것이다(4:2-3). 종말에 백성들은 언약의 규례에 순종할 것을 촉구받으며, 새 엘리야의 출현으로 예고되는 미래의 "철저한 멸망"을 피할 것을 경고받는다(4:6). 앞서 언급되었듯이, 여호와께 돌이키는 것과 여호와를 찾는 것은 주의 날에 성취될 것이다. 백성들의 선택과는 상관없이, 주님은 죄를 제거하실 것이며, 땅의 겸손한 자들을 시온의 의로운 곳에서 회복시킬 것이다. 그러므로 이스라엘의 아버(1:6; 2:10), 왕(1:14) 그리고 심판자(3:2-3)이신 자는 그의 언약적 사랑에 반응하는 자들에게 변함없는 사랑을 나타내 보이신다(1:2-5).[40]

요약 및 결론

12선지서에서 주의 날은 임박한 혹은 먼 미래의 날이나 분명히 이루어질 날이다. 이 날은 이스라엘과 열방의 죄악 때문에 도래할 것이다. 12선지서는 주의 날을, 이스라엘의 언약적 불성실로 인한 침략(호 2:14-23), 이스라엘의 범죄를 심판하는 자연 재해(욜 1:15-18), 그리고 열방의 죄에 대한 창조주의 행동(암 1:2-2:6과 4:6-13)으로서 묘사된다. 12선지서의 저자들은 주의 날을, 열방의 멸망(옵 15), 니느웨의 멸망(요나), 이스라엘의 침략당함(미가)으로 묘사한다. 12선지서는 니느웨(나훔), 예루살렘(하박국) 그리고 바벨론(스바냐)의 멸망을 이와 같은 주의 날로 이해한다. 12선지서의 저자들은 각각의 맥락 속에서 주의 날을, 최후의 날(이런 사상을 포함하는 스바냐와 스가랴를 보라)과 이 끔찍한 날이 도래하기 전 엘리야가 올 것이라는 약속/위협(말 4:5-6)으로 묘사한다. 그들은 최후의 주의 날 이면에 놀라운 번영의 회복이 놓여 있음을 약속한다(호 14:1-9; 습 3:6-20; 슥 14:16-21).

이처럼 12선지서는 하나님의 성품에 나타나듯이 하나님께서 심판 대신에 회개를 제시하고 있다고 주장한다. 다시 말해, 하나님이 첫 번째로 제시하는 것은 그에게로 돌아오라는 것이다(호 6:1-3, 14:1-9, 욜 2:12-14, 암 4:6-13, etc). 더 구체적으로 말하면, 요엘 2:12-14, 요나 4:2 그리고 나훔 1:2-8은 모두 출애굽기 34:6-7을 인용한다. 요엘은 회개를 촉구하는 맥락에서 출애굽기 34:6-7을 인용한다.

요나도 선지자의 진노를 설명하는 맥락에서 이런 방식을 취한다. 나훔도 하나님이 왜 니느웨를 심판하는지에 대해 설명할 때 이런 방식을

---

40. Redditt, *Haggai, Zechariah, Malachi*, 187.

취한다. 요엘과 요나는 여호와의 긍휼하심과 사유하심을 강조하는 반면, 나훔은 죄를 제거하시려는 주님의 의지에 초점을 둔다. 종합해 보자면, 이 본문들은 이스라엘과 열방의 미래를 보여준다. 호세아 1-3장에 나오는 이스라엘 즉 그의 배도한 아내에 대한 여호와의 사랑, 그리고 11:1-9에 나오는 이스라엘 즉 그의 배역한 자녀에 대한 사랑과 같은 주제들은 이스라엘과 열방을 향한 하나님의 긍휼하심, 자비 그리고 공의를 강조해 준다. 12선지서에는 하나님께서 죄를 제거하실 것임을 분명히 보여준다. 분명 하나님은 회개를 통해 혹은 주의 날이라는 수단을 통해 그렇게 하실 것이다.

앞에서 암시되었듯이, 이 주의 날 본문들은 오경에 나오는 모든 이미지들을 사용한다. 창조 이미지가 아모스 4:13과 5:8-9에 등장한다. "비창조화" 이미지가 스바냐 1:2-6에 등장하며, 새 창조/시온 이미지가 스바냐 3:9-20에 나온다. 언약의 저주 개념이 호세아, 요엘, 아모스, 미가 그리고 말라기에 등장한다. 이러한 목록들이 더 나열될 수 있지만, 논점은 명확하다. 이사야와 같이 12선지서는 종종 이 날을, 오경에 발견되는 중요한 언약적 본문들의 사상적 관점에서 묘사하고 있다.

경험된 주의 날: 성문서

성문서는 세대를 거쳐 주님을 향한 이스라엘의 헌신을 강조한다. 성문서의 이 책들은 주님의 현존 속에서 생활한 이스라엘의 삶에 초점을 둔다. 이 성문서에서 여호와의 백성들은 예배하며, 고통 받으며, 배우며 기다린다. 이처럼 성문서에서 여호와 앞에서 겪는 이스라엘의 삶은 주의 날에 대한 경험과 이사야 1-4장, 스바냐 3:8-20 그리고 그 밖의 성문서 본문에 약속된 밝은 미래에 대한 기대와 연관되어 있다. 비록 이러한 논점을 찾기 위해 여러 본문들을 살펴볼 수 있지만, 우리는 예레미야 애가야말로 성경의 다른 어느 책보다도 주의 날에 대한 경험을 분명히 제시하고 있음을 부인할 수 없을 것이다. 또한 다니엘 7장과 9장이 예루살렘 멸망 이후에 살았던 자들의 희망과 고백을 보여주고 있음은 의심의 여지가 없다. 이 두 책들, 즉 예레미야 애가와 다니엘은 적어도 신약의 저자들에게 다음과 같은 두 가지 핵심적인 이미지들을 제시한다: 여호와의 날로서의 예루살렘 멸망, 그리고 하나님의 나라를 하나님의 백성에게 건네 줄 통치자로서의 도래할 인자.

예레미야애가: 예루살렘 멸망과 여호와께서 약속하신 그 날

학자들은 오랫동안 예레미야애가의 역사적 배경에 대한 구체적인 내용에 대해 토론해 왔다. 그러나 예레미야애가가 주전 587년에 발생한 예루살렘 멸망을 그 역사적 배경으로 삼고 있다는 폭 넓은 공감대가 형성되어 왔다.[41] 최근까지 예레미야애가의 신학에 대한 토론들이 노만 갓

월드(Norman Gottwald)의 주장에 의해 제기되어 졌는데, 그는 이스라엘 백성들이 요시아 시대에 회개했을 때 왜 주님께서 심판하셨는지 의아해 했기 때문에 분한 마음으로 탄식한다고 주장한다.42 또한 알브렉슨(Bertil Albrektson)은 예레미야애가가 신명기 신학과 시온 신학 사이에 균형을 이루고 있다고 주장한다.43 지난 10년 간 클라우스 베스트만(Claus Westermann)은 예레미야애가를 해석할 때, 대체로 이 시들을 백성들의 분노와 슬픔을 표현하는 탄식으로 해석해야만 한다고 주장했다.44 리너펠트(Tod Linafelt)와 오코너(kathleen O'Connor)와 같은 학자들은 예레미야애가에서 고통 받는 자들이 하나님을 향해 그들의 마음을 털어놓으며, 자신들에게 닥친 일에 대해 부르짖으며, 인간에 대한 하나님의 폭력에 대해 비난하며, 이 세상에 만연된 의미 없는 고통에 대해 목소리를 내도록 허락되고 있다고 주장해 왔다.45

달리 말하자면, 예레미야애가는 고통 받는 자들이 하나님의 성품에 대해 어떤 궁극적 희망도 없이 공개적으로 의문을 던지며 심지어 항의하기까지 하도록 허용하고 있다. 이 고통 받는 자들은 예레미야애가에서 그들의 관점을 지지하기 위해 하나님의 침묵을 부각시킨다. 분명, 이러한 결론들은 예레미야애가의 신학에 대한 구체적인 함의점을 내포하

---

41. 다양한 의견들에 대해서는 Duane Garrett/Paul R. House, *Song of Songs/Lamentations* (WBC 23B; Nashville: Thomas Nelson, 2004), 283-303을 보라.

42. Norman Gottwald, *Studies in the Book of Lamentations*, rev. ed. (SBT 14; London: SCM, 1962).

43. Bertil Albrektson, *Studies in the Text and Theology of the Book of Lamentations* (Lund: CWK Gleerup, 1963).

44. Claus Westermann, *Lamentations: Issues and Interpretations*, trans. C. Muenchow (Minneapolis: Fortress Press, 1994).

45. Tod Linafelt, *Surviving Lamentations* (Chicago: Univ. of Chicago Press, 1999) and Kathleen O'Connor, *Lamentations and the Tears of the World* (Maryknoll, NY: Orbis Books, 2002).

고 있다. 그러나 아직 충분히 논의되지 않았던 하나의 요소가 있는데 그것은 바로 예레미야애가에 나타난 주의 날에 대한 역할이다.46 이 주의 날에 대한 주제는 예레미야애가를 다른 성경신학의 부분들과 연결시켜 준다. 즉 탄식의 형태를 띠지 않는 본문들의 사상들과 연결시켜 준다는 뜻이다. 배리 웹(Barry Webb)의 주장처럼, "예레미야애가는 다른 어느 구약 본문들보다 하나님의 진노가 직접적으로 경험된 실재임을 우리들에게 보여주고 있다."47 예레미야애가는 시 공간 속에서 주의 날을 경험했던 자들이 말하는 주의 날에 대한 보고서와 다를 바 없다. 그러므로 주의 날에 대한 예레미야애가 진술들은 전 성경에 나타난 주의 날에 대한 분석에 도움을 줄 수 있는 충분한 연구 대상이 될 수 있다.

처음에 등장하는 두 개의 시들(1장과 2장)은 예루살렘의 백성들이 경험한 것을, "여호와께서 진노하신 날"(1:12), "여호와께서 반포하신 날(1:21)"로 소개한다. 이 날은 "주의 진노의 날(2:1)"이며, 예루살렘의 대적들이 오랫동안 고대했던 날이며, 하나님께서 위협하셨던 날(2:17)이며, 주님의 공포와 "진노"의 날이다(2:22). 예레미야애가의 화자들은 왜 이 "날"이 도래했는가를 진술한다. 그들은 이 날이 예루살렘의 죄 때문에 도래했다고 선포하며(1:5, 8, 18), 1:18은 하나님께서 자신이 행하신 일들이 공정했다고 인정한다. 애가의 화자들은 주의 날의 결과를 보여준다. 도시는 그 거민과 성전과 예배할 수 있는 기회들과 음식과 음료와 필요한 지도자들을 잃어 버렸다(특히 2:1-9을 보라). 그들은 예루살렘의 포위로 인해 자녀들을 먹는다. 이러한 비극은 신명기 28:52-57에 경고된 바

---

46. *Song of Songs/Lamentations*, 357-58에 소개된 나의 논의를 참조하라.
47. Barry G. Webb, *Five Festal Garments: Christian Reflections on the Song of Songs, Ruth, Lamentations, Ecclesiastes, and Esthe*r (NSBT 10; Downers Grove: InterVarsity Press, 2000), 79.

있다.

　이 화자들의 진술을 고려해 볼 때, 예레미야애가가 심판을 행했던 주님의 성품에 대해 의문을 품었다는 앞선 학자들의 주장은 동의하기가 어렵다. 그러나 본문의 화자들이 자신의 고통이 종식될 것을 강력하게 갈구하고 있음은 분명하다. 그들은 무죄를 항변하지 않지만 정상적인 탄식의 형태로서 "얼마나 오랫동안"(how long) 심판이 지속될 것인가에 대해 의문을 갖고 있다. 심판의 종식에 대한 이러한 갈망은 예레미야애가에 암시된 주의 날이 이미 발생했음을 시사해 준다. 그러나 이 같은 사실은 다른 시간대에 임할 다른 형태의 주의 날 즉 회복의 날을 배제하는 것은 아니다. 실로, 예레미야애가에 등장하는 어떤 기도들은 적어도 백성들이 이사야 2:1-5과 4:2-6에 등장하는 약속들이 지금 일어날 것이라는 희망을 버리지 않는다.

　제3장은 주의 날과 연관된 하나님의 성품에 대한 가장 분명한 설명을 제시하고 있다. 예레미야애가는 1-2장에서 주의 날에 대한 함의점을 살펴본 뒤, 이제 자신의 죄로 고통 당하는 한 사람에 초점을 둔다(3:1-18과 3:39). 희망은 그에게서 떠났지만(3:17-18), 여전히 하나님의 신실함 즉 언약에 신실한 사랑을 요청하고 있으며, 궁휼은 그 잃어버린 희망을 회복시킨다(3:19-24). 달리 말하자면, 출애굽기 34:6-7에 요약된 그 요소들이 희망의 근거가 된다. 더욱이, 이 "사람"은 여호와께서 영원히 버리지 않았기 때문에 주님을 기다리면서 심판의 멍에를 매는 것이 좋다고 말한다(3:31). 심판이 발생한 것은 어쩔 수 없는 일이었으나 그것은 주님의 본심이 아니었다(3:33). 달리 말하면, 여호와는 은혜로우시고 자비하시지만 죄인들을 그냥 두지 않을 것이다. 그러므로 주의 날은 필수적인 것이다. 애가의 화자들이 회복을 위해 기도하고 있다는 사실은 그들이 또한 신명기 30:1-30을 희망의 근거로 삼고 있음을 암시해 준다.

4장과 5장 또한 주의 날을 묘사하기 위해 레위기 26장과 신명기 28장의 이미지를 사용한다(4:1-17과 5:2-18을 보라). 또한 4장과 5장은 죄가 재난을 일으켰다고 고백하며(4:13, 5:7 그리고 5:16), 바벨론 유수를 주의 날의 최종 결과로 이해하며(4:15-16, 22), 오직 여호와께서 그들의 운명을 회복시킬 수 있음을 깨닫고 있다. 4-5장은 예루살렘의 정복과 소돔의 멸망을 비교한다(4:6). 4-5장은 회복이 오랫동안 관계를 맺어 왔던 전능하신 하나님과의 갱신된 관계에 달려있음을 고백한다(5:21-22).

　애가는 몇 가지 이유에서 주의 날에 대한 성문서의 관점을 보여주는 탁월한 본보기로 작용한다. 첫째, 애가는 예루살렘의 멸망이 주의 날이었음을 선언한다. 그러한 날들은 인류 역사 속에서 발생하며, 단지 종말에만 나타나지 않는다. 둘째, 비록 애가가 과거의 주의 날을 다루고 있으나, 더 우주적인 주의 날에 대한 가능성을 부정하지 않는다. 그러므로 예를 들어 애가를 다니엘과 상반된 것으로 취급해서는 안 된다. 셋째, 애가는 레위기 26장과 신명기 28장의 이미지를 사용한다. 이러한 방식은 언약 백성과 관련된 주의 날을 묘사하는 적절한 방식이다. 심판은 죄 때문에 발생했다. 윤리적 행위들은 여호와께 중요한 문제가 된다. 넷째, 애가에 나타난 예루살렘 멸망의 이미지는 주요 신약 본문들의 배경을 마련해 준다. 다섯째, 애가는 주의 날에 엄습 당한 무죄한 사람들의 존재를 말해준다. 특히 아이들의 경우는 연약한 자들에 속한다. 여섯째, 애가는 출애굽기 34:6-7에 설명되었듯이 하나님의 성품이 변치 않음을 밝혀준다. 하나님은 심판을 행하기에 앞서 오랫동안 경고하셨다(애 1:21과 2:17). 그리고 심판은 하나님의 본심이 아니었다(3:31-33). 심판은 죄에 대한 하나님의 첫번째 반응이 아니었다. 그러므로 주의 날은 깊이 뿌리 박힌 견고한 죄 때문에 발생하는 바, 인류 역사 가운데 그리고 그 종말의 때에 심판이라는 방식을 통해 발생한다. 악인과 의인 모두는 주의 날에 영향을 받는다. 그럼에도 불구하고, 그 날이 끝나면, 남은 자들이 생존할 것이다. 여호와는 그의 백성과의 언약적 관계를 계속 유지할 것이다.

다니엘 7장과 9장: 인자와 하나님의 나라

다니엘의 저자 권과 연도는 수 십 년간 논쟁의 대상이 되어왔다. 그럼에도 불구하고 다니엘서에 언급된 연도를 따르는 것은 가능한 일이다. 그러므로 다니엘 1-6장의 사건들은 바벨론에 있는 이스라엘 포로민들의 활동들을 묘사하고 있다. 이것은 마치 에스더서가 페르시아에 있는 이스라엘 포로민들의 활동들을 묘사하고 있는 것과 같다. 다니엘과 에스더는 포로생활, 즉 주전 587년에 예루살렘을 멸망시켰던 주의 날 이후의 삶이 얼마나 어려운가를 분명히 보여준다. 다니엘 7장은 구약의 심판 이미지 가운데 하나의 중요한 요소를 담고 있다. 그것은 바로 주님으로부터 하나님의 나라를 넘겨 받을 인자에 관한 것이다. 다니엘 9장은 또 다른 중요한 요소를 제시하는 바, 주의 날이 임한 후 이루어질 회복에 관한 기도에 관한 것이다. 비록 "주의 날"이라는 표현이 다니엘에는 등장하지 않지만, 그 사상은 내재되어 있다.

7장에서 다니엘은 벨사살이 그의 부친으로부터 왕권을 부여 받은 제1년에 환상을 보게 된다. 그러므로 이 환상은 대략 주전 556년에 주어진다. 이 환상은 2장에 등장하는 느부갓네살의 꿈과 비교되며, 그 내용은 후대의 자손들에게 적용될만한 것이다. 새 통치자가 등장할 때 이 환상이 주어지고 있음은 인류를 향한 하나님의 계획이 상황의 변화 속에서도 언제나 계속해서 지속되고 있음을 암시해 준다. 인간 통치자들은 국제적인 사건들을 통치하고 있는 듯 보이지만, 여호와는 언제나 통치자들을 다스리는 통치자이시다. 이와 같은 포로생활 속에서의 확신들은 아마도 다니엘의 독자들을 강건하게 만들어 주었을 것이다.

이 환상은 다니엘이 네 짐승/왕을 보는 장면으로부터 시작한다(7:1-8). 그 다음 여호와의 전능하신 통치를 강조하는 두 장면이 뒤 따른다. 첫째, 여기서 "옛적부터 항상 계신 이"(7:9)로 불리는 하나님은 하늘의 보좌에 좌정하사 심판을 시작하신다. 하나님은 교만한 짐승의 권세를 빼앗아 다른 누군가에 그것을 넘기려 한다. 이 하나님은 옛적 이전부터 계셨기에 영원하신 분이다. 이 같은 다니엘의 표현방식은 출애굽기 3:14의 표현, "나는 스스로 있는 자니라", 시편 90:2의 "영원부터 영원까지 당신은 하나님이십니다"라는 선언, 시편 102:26-27의 "하늘은 변하지만 당신은 언제나 동일하십니다"라는 선언과 일맥상통한다. 이 "옛적부터 계신 이"가 다스리지 않았던 때는 없었으며, 이 왕은 영원히 다스릴 것이다.

다니엘은 이 참되고 영원히 다스릴 통치자들 중의 통치자를 묘사한 뒤 "옛적부터 계신 이"가 최종적이고 영원한 나라를 "인자와 같은 이"에게 넘겨주는 장면을 본다(7:13-14). 여호와는 자신이 원하는 누구에게나 이 나라를 줄 수 있다. 왜냐하면 땅의 모든 나라들이 그의 것이기 때문이다. 이 "인자"는 고귀한 천상적 존재로서 영원히 다스릴 수 있는 권세를 지닌 자이다(7:13-14). 여기에 다윗의 약속에 대한 언급은 없지만, 폰 라트(Gerhard von Rad)는 구약의 이 중대한 시점에서 오직 메시아적 인물만이 하나님의 나라를 받을 수 있다고 진술한다.[48] 카이저(Walter Kaiser)는 이 사람이 "참 다윗일 뿐만 아니라 참 인자이며, 그의 인격에서는 인간으로서의 고귀한 부르심과 오직 하나님에게만 주어지는 신분

---

48. Gerhard von Rad, *Old Testament Theology: Volume II*, trans. D. M. G. Stalker (New York: Harper and Row, 1965), 309.

49. Walter C. Kaiser, Jr., *Toward an Old Testament Theology* (Grand Rapids: Zondervan, 1978), 246.

이 결합되어 있다'고 주장한다.[49]

"인자가 그 나라를 받을 때, 그 나라를 자신을 위해 다스리지 않는다. 오히려 그는 "지극히 높은 자의 거룩한 자들"(7:18, 22 그리고 27절)과 함께 다스린다. 이 사람들은 하나님 나라를 함께 다스리기 전에 박해를 당할 것이다(7:25). 그들은 "옛직부터 계신 이"가 오시어 심판을 행하실 것이기에 승리할 것이다(7:26-27). 이 "거룩한 자들"은 이전 본문들에 묘사되었던 남은 자들을 가리키며, 여기서 언급되는 사건은 주의 날이다.[50] 혹독하게 박해를 행하는 나라로 묘사된 네 번째 나라는 "인자"가 다스리며 "거룩한 자들"이 거하는 영원한 나라로 대체될 것이다.

이 하나님의 나라에 대한 사상은 포로생활과 약속의 땅의 끔찍한 상황들로부터 구원을 고대하는 신실한 백성들에게 희망을 던져둔다. 예레미야가 예언한 70년의 포로생활(렘 25:12)을 인식하고 있는 다니엘은 이스라엘의 죄와 포로생활에 비추어 자비와 용서를 간구한다(9:1-9). 여호와는 백성들을 경고했으나 그들은 반역을 행했다(9:12). 모세의 율법은 심판을 경고했으나 백성들은 하나님의 말씀을 무시했다(9:13). 그럼에도 불구하고, 다니엘은 여호와께서 그의 도성과 백성들을 회복시킬 것이라고 확신한다(9:16-19). 이후에 에스라(스 9장)와 느헤미야(느 9장)도 이와 유사한 방식으로 기도한다. 구약이 끝날 즈음에, 백성들은 회복을 갈망한다. 약속의 땅 안 밖에서 백성들은 하나님의 나라가 도래하기를 기도하며 기다린다.

---

50. Maurice Casey, *Son of Man: The Interpretation and Influence of Daniel 7* (London: SPCK, 1979), 23.

Part 1

주·의·날·어·떻·게·이·해·할·것·인·가

신약에 나타난 주의 날

구약의 저자들과 같이, 신약의 저자들은 주의 날과 관련된 이미지와 원리들을 당대의 상황에 적용시켰다. 그들은 주의 날을 적용시킬 때 본문에 이중 의미를 부여하거나 이전 본문과 부합되지 않는 의미를 주입하지 않았다. 실로 이 저자들이 어떻게 주의 날을 그들의 맥락 속에서 해석했는가를 주의 깊게 살펴보는 것은 중요한 일이다. 주의 날의 발생 이유, 주의 날의 원인자, 그리고 주의 날의 때에 관한 사항은 구약에서 신약에 이르기까지 언제나 일관성을 지닌다. 분명 주의 날에 대한 가장 두드러진 해석은 주의 날의 이미지에 나타난 인자의 역할과 관련이 있다. 메시아의 출현 모습은 주의 날에 행할 그의 역할과, 주의 날이 어떤 방식으로 이루어질 것인가를 분명히 해준다. 선별된 본문을 분석해 보면, 이 점이 분명해진다.

복음서: 주의 날과 인자

신약은 첫 이야기부터 임박한 심판을 선언한다. 실제로, 세례 요한을 엘리야로 규정하는 예수의 선언을 근거해 볼 때(말 4:5-6; 마 17:9-13; 막 9:9-13), "주의 크신 날(말 5:4)은 가까이에 와있다. 요한과 예수가 선포한 "하나님의 나라"의 도래는 임박해 있는 듯하다(마 3:1-12, 막 1:4-8, 눅 3:1-17). 그리고 주의 날은 사건들과 밀접하게 연관되어 있는 듯하다. 하나님께서 지상에 그의 통치를 확립하시고자 역사 속에 개입하신다는 구약의 논점을 고려해 볼 때, 이 같은 사실은 그리 놀라운 일이 아니다(시 93-99편, 시 103: 9, 단 7:12 등등). 비즐리 머리(G. R. Beasley-Murray)의 진술대로, "구약에 나타난 미래에 있을 주님의 도래와 주의 날의 도래의 궁극적 목적은 하나님 나라의 건설에 있다."[51] 미래에 있을 이 나라의 도래는 이사야 4:2-6, 이사야 65:17-25 그리고 스바냐 3:8-20에 묘사된 이상적인 장면들과 잘 부합하는 것 같다.

하나님의 나라와 주의 날

이 하나님의 나라란 무엇인가? 에드워드 미돌스(Edward Meadors)는 이 하나님의 나라라는 단어가 "하나님의 권능, 권위, 공의, 정의, 영원한 본성 및 구원의 계획을 전달하고 있다"고 진술한다. 이 표현은 "유대인들에게 있어서 그들의 하나님 여호와와 독점적으로 연결된 우주적 통치

---

[51] G. R. Beasley-Murray, *Jesus and the Kingdom of Go*d (Grand Rapids: Eerdmans, 1986), 17.

혹은 왕권을 연상시킨다." 그러므로 이 표현은 현재의 한 실재를 암시한다. 미돌스는 덧붙여 말하기를, "그렇지만 공관복음에서 똑같이 나타나듯이, 미래의 세계로서의 하나님 나라는 사상은 종말에 하나님에 의해 세워질 것이다."52 그러므로 하나님의 나라는 미래의 한 실재(a future reality)와 관련이 있다. 마이클 라트키(Michael Lattke)는 이러한 관점에 동의한다. 이 문제에 관하여 제2성전 시대의 자료를 참고한 그는 다음과 같은 결론을 내린다:

> 우리가 이 시대에 관하여 분명하게 말할 수 있는 것은 팔레스타인 바리새인들과 서기관들이 하나님을 왕으로 말하며, 그의 왕적인 통치에 대해 이야기하곤 했다는 점이다. 더욱이 이 왕적인 나라는 두 가지 측면을 지니고 있음이 분명하다. 즉 현재와 종말론적인 미래라는 두 측면은 한 분 하나님과 토라의 자기 계시에 근거하고 있으며 또 이 계시에 연결되어 있다. 창조의 사상은 기껏해야 부차적일 뿐이다.53

성경적으로 말하자면, 주의 날은 현재 하나님이 다스리는 지상의 통치를 강조할 뿐만 아니라 미래의 실재에 대한 궁극적인 성취를 가져다준다.

심판이 도래하다: 세례 요한의 사역

세례 요한의 가르침은 심판의 현재적 미래적 측면들과 연결되어 있다. 또한 그의 가르침은 이 심판을 하나님의 나라와 연결시킨다. 누가는

---

52. Edward P. Meadors, *Jesus the Messianic Herald of Salvation* (WUNT 2: 72; Tubingen: J.C.B. Mohr [Paul Siebeck], 1995), 154.
53. Michael Lattke, "On the Jewish Background of the Synoptic Concept, 'The Kingdom of God,'" in Bruce Chilton, ed., *The Kingdom of God in the Teaching of Jesus* (Issues in Religion and Theology 5; Philadelphia: Fortress Press, 1984), 87.

하나님의 나라와 주의 날 사이의 이 연관성을 가장 분명하게 제시한다. 누가복음 3:1-17(마 3:1-10을 보라)에서, 요한은 회개를 요청하며, 그리스도의 도래를 선언하며, 그리스도께서 죄인을 심판하실 것임을 선포한다. 죄인들이 회개해야만 하는 이유는 그들이 심판의 때에 있기 때문이다. "실로 도끼가 나의 뿌리에 이미 놓여 있다"(3:9).[54] 이 사실은 이방인들뿐만이 아니라 아브라함의 자손들에게도 해당된다(3:8). 큄멜(Werner G. Kummel)은 이와 유사한 가르침이 아모스에도 등장하고 있다고 말한다. 그는 덧붙여 다음과 같이 진술한다:

> 그러나 요한은 전통적인 이 심판의 가르침을 두 가지 형식으로 실재화시킨다. 첫째, 그는 그의 청중들에게 심판이 이미 도래했음을 선포하면서 심판의 위협이 배제될 가능성을 제거한다. 더욱이, 세례 요한은 하나님께서 유대인들에게는 다소 덜 엄격하게 심판하실 것이라는 불확실한 희망을 앗아간다. 세례 요한의 심판 메시지는 각각의 개인들에게 똑같이 긴박성을 전달하고 있을 뿐만 아니라, 하나님의 관계는 유대인이나 혹은 다른 인간 집단에 의해 규정되는 것이 아니라 하나님과 인간과의 관계 자체에 의해 규정된다.[55]

임박한 위험에 대한 요한의 가르침은 청중들로 하여금 그들이 지금 당장 무엇을 해야만 하는가를 묻도록 이끈다(3:10). 그들의 질문에 대한 요한의 반응은 아모스의 메시지와 유사한다. 그들은 반드시 회개해야만 한다. 그들은 그들의 삶을 하나님의 말씀에 맞추어야 한다(3:11-14).

누가복음 3:15-17에서 요한의 가르침은 구약의 이미지를 사용하며,

---

54. 이 번역은 John Nolland, *Luke 1-9:20* (WBC 35A; Nashville: Thomas Nelson, 1989), 146에 소개된 것이다.

55. Werner G. Kummel, *The Theology of the New Testament According to its Major Witnesses, Jesus-Paul-John*, trans. J. E. Steely (London: SCM, 1974), 28.

특히 죄를 태우는 정한 불에 의한 악인심판을 다루는 본문들에 집중한다(사 13:8, 사 66:15-16, 습 3:8 등등). 더 강한 자가 오실 것이며, 그는 성령과 불로 세례를 베풀 것이다(3:16). 이 사람은 심판을 권세와 의지를 갖고 있다. 악인들은 주의 날에 겨처럼 불탈 것이다. 그러므로 요한은 단호하게 그리스도를, 종말의 주의 날이라는 신학의 중심에 위치시킨다. 예수 역시 요한을 엘리야로 소개함으로써 그를 주의 날의 맥락 속에 위치시킨다. 여하튼 우리는 예수의 사역을 주의 날의 한 부분으로 취급해야만 한다.

회개와 주의 날의 선언을 연결시키는 요한의 시도는 진노를 피할 수 있는 가능성을 강조해 준다. 하나님은 언제나 자비로운 분이다. 요한의 가르침은 이스라엘과 열방의 새로운 남은 자에 해당하는 제자들을 탄생시킨다(눅 3:11-14). 레이스너(Marius Reiser)는 다음과 같이 진술한다:

> 그러므로 세례 요한이 복음과 하나님 통치의 도래를 설파했다고 말하는 마태와 누가의 메시지는 전적으로 틀렸다고 볼 수 없다(눅 3:18; 마 3:2). 그러나 심판이 그의 설교의 중심에 놓여 있었으며, 실제로 그의 가르침의 전체는 "심판의 가르침"이라고 불릴 수 있다. 심판자가 이매 도끼를 올려놓았으며, 알곡을 고르는 삽을 손에 들고 있다. 주의 날이 임박했다. 회개하여 내게 세례를 받으라. 그러면 너희들은 멸망의 심판에서 벗어날 수 있을 것이다! 이것이 바로 세례 요한의 메시지이다.[56]

인자와 심판: 예수의 사역

예수의 가르침과 비유는 예수가 주의 날에 대한 요한의 메시지에 동

---

56. Marius Reiser, *Jesus and Judgment: The Eschatological Proclamation in Its Jewish Context*, trans. L. M. Maloney (Minneapolis: Fortress Press, 1997), 193.

의했음을 암시해 준다. 첫째, "그 때가 되었으며, 하나님의 나라가 가까웠다"는 예수의 선언(막 1:15)은 요한의 임박한 회개의 메시지와 유사하다. "가까웠다"라는 말의 의도를 설명하는 제임스 던(James Dunn)은 다음과 같이 주장한다: "이 동사의 효과는 분명하다. 이 동사의 완료형(엥기켄)은 이미 행해진 행동이나 혹은 현재 계속되는 상태 혹은 결과를 초래하는 행동을 암시한다. 이 동사는 때 아닌 시간을 의미하는 것이 아니라, 그 무엇이 하나님 나라의 도래를 위해 발생했음을 의미한다."[57] 하나님 나라의 도래를 위해 발생할 이 "무엇"은 엘리야와 인자가 도래하는 것이다. 엘리야와 인자의 도래는 불신자들에게는 심판의 때를, 그리고 신실한 자들에게는 구원의 때를 알려준다.

둘째, 예수의 비유들은 신자들이 예수의 가르침을 받아들이고 그 가르침에 따라 살아갈 때 이 세상에서 확장되는 하나님 나라의 성장을 강조한다. 또한 예수의 비유들은 심판이 장차 알 수 없는 한 시점에서 도래할 것임을 시사해준다. 하나님 나라의 성장과 심판의 때는 매우 느리게 진행될 것이다. 그럼에도 불구하고, 이 두 가지는 일어날 것이다. 데이빗 웬함(David Wenham)은 "씨뿌리는 자의 비유"를 설명할 때 다음과 같이 진술한다:

> 예수는 자신이 실로 하나님의 나라를 가져왔다고 설명한다. 그러나 그는 밭에 씨를 뿌리며 추수를 참고 기다리는 농부와 같다. 농부가 급히 서둘러 추수를 기대하는 것은 어리석은 일이다. 예수는 그의 사역이 종말에 심판의 추수를 초래할 것임을 시사해 준다. 그러나 하나님의 나라의 사역이 추수를 거둘 것이라는 확신과 함께 참고 기다리는 것이 필요하다.[58]

---

57. James D. G. Dunn, *Jesus Remembered* (Christianity in the Making: Volume 1; Grand Rapids: Eerdmans, 2003), 407.

다른 많은 비유들은 "지금 청중들이 예상해야 할 심판의 날에 대해 이야기한다: 달란트 비유(마 25:14-30/눅 19:11-27), 탕감 받은 후 빚을 갚지 않는다고 옥에 가둔 무자비한 종의 비유(마 18:23-25), 불의한 청지기 비유(눅 16:1-8), 사려 깊지 못한 부자 비유(눅 16:19-31)."[59] 결국 우리는 언제든지 죽음을 통해 최종적인 심판에 직면할 수 있다.

예수는 지금 발생하며 미래에 발생할 심판이 "인자"에 의해 실행될 것임을 분명히 밝힌다. 예수는 이 인자를 자신에게 적용시킨다.[60] 실로 누가복음 17:22에서 예수는 그의 제자들을 향해 장차 그들이 인자의 날들 중 한 날을 보고자 하되 보지 못할 것"이라고 경고한다. 그들은 대적으로부터 자신을 구원하기 위해 심판의 "한 날"을 갈망할 것이다. 분명, 인자는 "그의 날"에 심판을 행할 것이다(눅 17:24). 그러나 먼저 인자는 "많은 고난을 당하며 이 세대로부터 버림을 당할 것이다"(17:25). 그러므로 예수는 다니엘 7:13-14의 인자를 이사야 50:4-9과 52:13-53:12의 "고난 받는 종"과 연결시킨다. 마가복음 14:62은 예수가 권세자들 앞에서 고난을 당할 것임을 시사해준다. 예수는 "이 땅에 불을 던지러 왔다"(눅 12:49). 그러나 그는 고난과 죽음의 "세례"를 통해 이 일을 이루실 수 있다(눅 12:50). 예수는 고난 받는 종이기 때문에, 그의 죽음은 죄를 심판한다(사 53:1-12).

요한복음은 이와 같은 인자와 심판에 대한 강조점에 동의한다. 12:27-

---

58. David Wenham, *The Parables of Jesus* (The Jesus Library; Downers Grove: InterVarsity Press, 1989), 51-52.
59. Dunn, *Jesus Remembered*, 421-422.
60. 인자라는 표현과 그 진정성에 관한 논의로는 I. Howard Marshall, *The Origins of New Testament Christology*, Updated Edition (Downers Grove: InterVarsity Press, 1990), 63-82을 보라.

36에서, 예수는 그의 임박한 죽음이 "세상의 심판"을 초래하며, 이 심판을 통해 "이 세상의 임금"이 쫓겨날 것이라고 선언한다(12:31). 예수는 땅에서 들림을 받음으로써, 즉 죽음에서 일어남으로써(12:32) 모든 백성들을 그에게로 이끌 것이다(12:32). 죄와 죄의 임금을 이긴 예수의 승리의 승귀(12:32)는 인자의 편에서 볼 때 죽음을 필요로 한다. 이 가르침을 믿는 자들은 빛 가운데 걷지만, 믿지 않는 자들은 어둠에 거한다(12:35-36). 아버지로부터 나라를 받기 전에, 모든 것은 죽음을 통한 인자의 죄 심판에 달려 있다.

예수는 고난 받은 후 그 인자와 다름 아니다. 즉 옛적부터 계신 이가 하나님 나라를 건네 줄 바로 그 인자, 그리고 "하나님의 거룩한 자들"과 함께 하나님 나라를 다스릴 바로 그 인자 말이다. 그는 죽음에서 부활함으로써 이와 같은 고귀한 신분을 얻게 된다. 이 사건은 마가복음 8:31, 마가복음 9:31 그리고 누가복음 9:21-22에 예고되어 있다.[61] 복음서의 말미에 이르러 인자는 심판의 시작을 선포했으며, 자신을 인자요 고난 받는 종으로 선언했으며, 죄를 심판하기 위해 죽었으며, 옛적부터 계신 이로부터 나라를 받기 위해 부활하였다. 예수는 거룩한 자들 즉 하나님 백성의 남은 자들에게 하나님의 나라를 건네 줄 자가 바로 자신임을 증명한다. 예수가 종말에 심판을 행할 그 때에 나라를 최종적으로 넘겨 줄 그 때가 도래할 것이다.

예수는 그의 사역의 종말이 다가올 때 예루살렘의 미래와 종말의 도래에 관해 진술한다. 물론, 학자들은 예수가 이 두 사건을, 어떤 불 특정한 시간 속에서 발생하는 분리된 두 사건으로, 혹은 동일한 사건의 두

---

61. C. H. Dodd, *The Parables of the Kingdom*, rev ed. (New York: Scribner's, 1961), 73-77.

부분으로 취급했다고 보거나 아니면 다른 이론들을 통해 설명하며 기나긴 논쟁을 벌여왔다. 이 문제에 대한 이러한 해석들에도 불구하고, 학자들은 대체로 예수가 예언 문헌과 애가에 발견되는 심판 이미지와 유사한 관점으로 예루살렘의 멸망을 경고하고 있다고 인식한다. 또한 많은 학자들은 마태복음 24장, 마가복음 13장, 누가복음 21장이 "종말"을 주요 주제 가운데 하나로 취급하고 있다는 점에 동의한다.

누가복음 21:5-6은 제자들이 예수에게 가리키는 거대한 건물들이 어느날 파괴될 것이라고 분명히 진술한다. 예수는 누가복음 21:10-24에서 그러한 멸망과 관련된 끔찍한 내용들을 구체적으로 설명하며, 그의 표현 방식은 신명기 28:52-75 혹은 예레미야 애가 4:1-17에 등장하는 것과 유사하다. 예수는 종말을 언급하며, 다니엘 7:13-14에 소개된 인자의 도래와 연결시킨다(눅 21:25-28). 예수는 분명 "그 날"이라는 표현을 분명히 제시하는 경고로서 마무리한다. 구약에서 주의 날의 생략형에 해당하는 "그 날"은 느닷없이 임할 것이다(눅 21:34). 예수는 이 날이 지구상에 거하는 모든 이들에게 임할 것이라고 경고한다(눅 21:35-36; 습 1:2-6). 21:27에서와 같이, 예수는 인자가 심판자가 될 것이라고 말한다(21:37).

마태와 마가는 주의 날 본문에 근거하는 유사 이미지들을 담고 있다. 예를 들면, 마 23:29-39은 예언 시대와 매우 유사한 관점으로서 현재의 상황을 묘사한다. 실로 백성들은 선지자를 죽이며 하나님의 사자들에게 돌을 던진다. 예수의 가르침과 설교에도 불구하고 이 모든 일들이 발생한다. 그들의 반역 때문에, 그들의 집은 황폐하게 될 것이며 버림을 받을 것이며, 하나님의 기름 부음 받은 자를 인정할 때까지 이 심판은 계속될 것이다. 이러한 심판의 이미지는 구약의 심판 본문에 흔히 등장하는 표현 방식이다(사 64:11, 렘 12:7, 렘 22:5). 예수는 계속해서 24:1-35에서 예루살렘의 멸망과 세상의 종말을 묘사한다. 예수는 언제 "그 날"이 임하는지 아무도 알 수 없으며, 인자의 날이 임할 것이며, 모든 사람들이 그 날을 볼 것이라고 말씀하면서 마무리한다(24:36-51). 마가복음 13장은 마태복음 24:1-35의 방식과 유사한 전개 방식을 취하며, "그 날"이 갑자기 임하지 않도록 깨어 있으라는 경고의 메시지로 마무리한다. "그 날"이라는 표현은 최종 심판과 주후 70년의 예루살렘 멸망을 모두 가리킨다.

위에서 논의했다시피, 인자의 이미지 용법은 예수의 청중들에게 경고를 전달한다. 인자의 출현은 주의 날이 도래했으며, 하나님의 나라가 이 땅에 임했음을 의미한다. 그러므로 회개는 즉각적으로 뒤따라와야만 한다. 왜냐하면 심판은 언제든지 발생할 수 있기 때문이다. "거룩한 자들"(단 7:18, 21, 27)은 지금 인자를 믿어야만 한다. 왜냐하면 하나님의 나라를 받은 이 인자는 지상의 권세와 죄인들을 언제든지 파할 수 있기 때문이다. 청중들은 "엘리야"와 인자를 대면할 때, 선지자들이 그들의 백성들에게 요청했듯이 주님을 두려워하며 회개해야만 한다. 그렇지만 복음서에서 나타나듯이, 모두가 그런 반응을 보이는 것은 아니다. 오히려 사람들은 심판의 사자들을 죽일 것이다. 아이러니 하게도, 이것은 그들이 부활하신 하나님의 아들 즉 지금도 계시고 항상 악인을 심판하실 그리스도의 진노를 언젠가 직면할 수 있음을 의미한다.

또한 복음서 본문들은 하나님의 자비를 강조한다. 무엇보다도 하나님의 기름 부음 받은 자, 즉 그리스도의 현존 바로 그 자체는 경고하시고 용서하기 원하시는 하나님의 열망을 암시해준다(막 12:1-11, 특히 12:6). 세례 요한과 예수의 제자들의 설교와 마찬가지로, 예수의 설교의 목적은 옛 조상들의 설교처럼 백성들을 하나님께로 돌이키는데 있다. 마태복음 23:37-39에서 예루살렘을 향한 예수의 슬픔은 그가 행한 기적, 설교, 죽음 그리고 부활과 마찬가지로 예수의 청중들에 대한 그의 애틋한 관심을 강조해 준다. 그러므로 예수의 애정은 출애굽기 34:6-7에 표현된 하나님의 애정, 즉 죄인들을 모조리 제거하기 원치 않는 하나님의 마음과 비교된다. 예수의 본 마음은 심판이 아니라 자비이다.

비록 마태복음 23:37-39을 해석할 때 주의를 필요로 하지만, 예수가 가령 이사야 1-4장 혹은 스바냐 1:2-3:20의 방식과 매우 유사한 방식으로 메시지를 전한다고 이해하는 것은 가능한 일이다. 즉, 이사야와 스바냐와 같은 선지자들처럼 예수는 예루살렘의 멸망에 대해 분명히 말하고 있는 것이다. 예루살렘은 멸망할 것이며, 도시의 어머니들과 자녀들은 엄청난 고통을 당할 것이다. 곧 이어 예수는 세상이 심판을 받을 것이라고 말한다. 이사야 2장에서와 같이, 임박한 심판과 먼 이후의 심판이 짧은 간격 속에서 언급된다. 예상컨대 청중들은 이 두 유형의 심판을 분별함에 있어 주의 날의 본질을 충분히 알 수 있을 것이다.

선지자들과 같이, 예수는 또한 그의 제자들이 하나님의 나라에 대한 믿음과 헌신을 나타내 주는 방식으로 살아갈 것이라고 고대한다. 특히 예수의 비유들은 이 점을 분명히 말해준다. 그들은 예수가 세운 하나님 나라에서 삶지만, 지상에 살면서 이 하나님의 나라를 기다려야만 한다. 그러므로 복음서가 구약 저자들의 윤리적 강조점에 동의한다고 본 래드 (G. E. Ladd)의 결론은 올바른 것이다.

그러므로 주의 날의 임박성에 대한 경고는 어떤 시간대를 가리키는 표현보다 훨씬 더 윤리적인 권고를 나타내 주는 표현이다. 그러기에 구약의 저자들이 연대적 순서에 대해 오류를 범했는지를 질문 하는 것은 잘못된 질문이며, 그들의 사고방식을 올바로 판단하는데 실패하는 것이다. 하나님은 행하셨으며, 주의 날은 도래했다. 그렇지만 주의 날은 계속해서 미래의 종말론적 사건이 된다. 이처럼 임박하면서도 최종적인 미래 사이의 긴장, 역사와 종말 사이의 긴장은 예언서의 윤리적 관심의 중심

부를 차지한다. 중요한 것은 무엇이 발생하며 언제 발생할 것인가가 아니라, 오히려 현 백성들을 향한 가깝고도 먼 미래의 주님 되신 하나님의 그 뜻에 있는 것이다.62

결론

이와 같은 복음서의 개관은 세례 요한과 예수가 구약 저자들의 주의 날 사상을 많이 공유하고 있음을 시사해준다. 첫째, 세례 요한과 예수는 주의 날의 시간에 대한 구약 저자들의 입장에 동의한다. 심판은 가까운 미래에 곧 발생할 것이며, 그리고 인류 역사의 결말로서 먼 미래에 발생할 것이다. 요한은 요엘이 그 당대의 백성들에게 했듯이 그 때가 도래했음을 경고했다. 예수는 예루살렘의 첫 멸망을 예고했던 예레미야와 같이 예루살렘의 멸망을 예고했다(렘 7장, 26장을 보라). 세례 요한과 예수는 최후의 주의 날을, 스바냐와 말라기가 경고했듯이 죄가 이 땅에서 불타게 되는 때로 강조한다. 세례 요한과 예수는 예수가 심판자임을 선포했다. 예수의 초림과 재림의 이미지는 심판자/구원자로서의 이미지를 의미한다.

둘째, 세례 요한과 예수는 주의 날에 직면할 자들을 묘사하는 구약 저자들의 입장에 동의한다. 모든 사람들은 지금 심판에 직면하고 있으며, 그리고 종말의 때에 심판에 직면할 것이다. 이 심판의 메시지의 대상은 유대인들과 이방인들을 포함하고 있다(눅 3:1-17). 이 세상에 있는 온 열방과 백성들이 심판의 위기에 직면한다. 그들은 어둠의 위험에 처

---

62. G. E. Ladd, *The Presence of the Future: The Eschatology of Biblical Realism* (Grand Rapids: Eerdmans, 1974), 75.

한다(요 12:27-36).

셋째, 세례 요한과 예수는 도래할 주의 날의 선포에 대한 합당한 반응을 묘사하는 구약 저자들의 입장에 동의한다. 청중들과 독자들은 그 말씀을 믿어야만 한다(요 12:27-36). 그들은 회개해야만 하며 하나님의 거룩한 자로서 살아야만 한다(눅 3:1-17; 눅 13:1-3). 그들은 하나님 나라가 도래할 때까지 인내와 성실로서 참고 기다려야만 한다. 실로 그들은 하나님의 나라가 도래할 때까지 희망을 갖고 기도해야만 한다(마 6:9-13; 눅 11:2-4). 그들에게서 주의 나라는 도래한 것이다. 왜냐하면 주 예수 그리스도가 오셨기 때문이다. 또한 고난의 종이신 인자가 도래했다. 그럼에도 불구하고 하나님의 나라는 이 땅을 정화시킬 인자의 청결작업을 기다리고 있다. 옛적부터 계신 이는 인자에게 그 나라를 주었다. 그러나 인자는 그 나라를 거룩한 자들에게 주기 위해 기다리고 있다. 그렇지만 장차 하나님 나라를 넘겨주는 이 일은 인자가 죽음을 정복할 때 분명해질 것이다.

바울 서신: 주 예수의 날(데살로니가 전·후서)

바울의 주의 날 용법은 구약과 복음서에 나타나는 사상들을 계속 사용한다. 그렇지만 바울은 또한 예수를 독특한 방식으로 묘사한다. 대부분 "그 날"에 대한 바울의 직접적인 언급은 바울이 최후의 "그 날"의 신원(vindi-cation), 즉 그의 사역과 그의 성도들에 대한 신원을 기대하고 있음을 시사해준다. 바울은 자신의 사역에 대한 신원은 고린도후서 1:14과 디모데후서 1:18에서 다루어지며, 성도들에 대한 신원은 고린도전서 1:8과 디모데후서 1:18에서 언급된다. 그리고 자신의 사역과 성도에 대한 두 신원은 빌립보 2:16에서 나타난다. 놀랍게도, 고린도전서 1:8에서 바울은 주의 날을 "우리의 주 예수 그리스도의 날"로 부른다. 바울은 고후 1:14에서 주의 날을 "우리의 주 예수의 날"로 부르며, 빌립보 2:16에서 주의 날을 "그리스도의 날"로 부른다. 바울은 디모데후서 4:8에서 전형적인 주의 날 이미지를 사용하지만 구약의 심판자로서의 여호와의 이미지를 예수에게 적용시킨다. 그리하여 바울은 여호와의 이름과 사역들을 예수에게 연결시키며, 예수가 구약의 하나님과 동일한 심판의 권리를 갖고 있음을 밝힌다. 즉 바울은 빌립보서 2:5-11에서 예수의 통치권을 강조하고 있다. 주의 날은 실로 주 예수 그리스도의 날이다.

바울이 쓴 데살로니가 편지들은 주의 날에 대한 그의 구체적인 관점을 제공해 준다. 여기서 바울은 구원자, 심판자 및 조력자로서의 예수의 역할을 강조하면서 구약과 복음서에 등장하는 매우 유사한 용어들을 사용한다. 학자들은 데살로니가 전·후가 주후 49-50년 이후에 쓰여진 가장 오래된 바울 서신서들 가운데 하나이거나 아니면 가장 오래된 서신

서라고 믿어왔다.63 데살로니가 전서는 독자들에게 어떻게 그들이 그리스도를 알게 되었는지, 신앙의 기본적인 요소들이 무엇인지를 상기시키면서 서신을 시작한다(1:1-10). 그 다음, 바울은 자신과 독자들과의 관계를 밝힌다(2:1-3:13). 그리고 난 뒤, 바울은 데살로니가 성도들을 향해 도래할 주의 날에 근거하여 그리스도인으로서 높은 삶의 기준들을 계속 유지할 것을 촉구한다(4:1-5:11). 바울은 전반적으로 권고와 결론을 제시하며 서신을 마무리한다(5:12-28).

데살로니가 후서에서 바울은 성도들을 향해 감사를 전한다(1:1-12). 그리고 그는 다시 한번 주의 날의 주제로 방향을 돌리며, 잘못된 오해를 교정시키고자 한다(2:1-12). 그 다음 바울은 성도들을 격려하며(2:13-17), 하나님의 신실하심과 거룩한 삶의 필요성을 강조한 뒤(3:1-15), 이 서신을 종결짓는다(3:16-18).64 더욱이 이 서신의 내용을 대략 살펴보면 우리는 주의 날의 중심성과 도래할 그 날에 근거한 윤리적 삶의 중요성을 모두 강조되고 있음을 발견할 수 있다. 그러므로 구약과 복음서와 마찬가지로, 윤리, 하나님의 진노 그리고 미래에 대한 이슈들은 모두 중요하게 다루어진다.

바울은 데살로니가 전서에서 주의 날에 대한 부분을 다루기에 앞서 하나님의 진노를 논의한다. 바울은 1:10에서 하늘로부터 임한 예수의 진노 개념을 소개한 뒤 2:13-17에서 데살로니가 성도들이 복음을 믿어왔음을 하나님께 감사한다. 그 다음 바울은 믿음을 위해 기꺼이 고난에 동참할 것을 덧붙여 말한다(2:13-14). 그 후 바울은 예수와 선지자들을 이

---

63. F. F. Bruce, *1 & 2 Thessalonians* (WBC 45; Waco, TX: Word, 1982), xxxiv-xxxv.

64. L. Morris, *The Epistles of Paul to the Thessalonians: An Introduction and Commentary* (TNTC; Grand Rapids: Eerdmans, 1958), 31, 112.

미 죽인 유대인들이 교회를 핍박해왔음을 주지시킨다(2:15). 지금 그 유대인들은 복음의 선포를 방해하지만 "마침내 하나님의 진노가 그들에게 임했다". 이 표현은 "그들에게 완전히/철저히 임했다"(2:16)로 번역될 수 있는 바, "에이스 텔로스"라는 헬라어를 어떻게 번역하는가에 달려 있나.

레온 모리스(Leon Morris)는 유대인을 향한 바울의 정죄에 나타난 놀라운 특징에 주목하며, 바울이 구약의 선지자처럼 말하고 있음을 관찰하며, 정죄는 "취소될 수 없으며 종말의 진노는 미래의 희망을 배제시킨다"는 결론에 도달한다.65 모리스는 그 진노가 미래에 임할 것이라고 주장한다. 즉 그는 이 부정과거 시제가 "종종 과거의 행동을 암시하지만 여기서 이 진노는 분명 종말론적이며 그러기에 미래적이다"66라고 결론을 내린다. 존 스토트는 모리스의 의견에 동의한다. 그러나 그는 이 진노의 사건들을 과거의 사건으로 해석할 때 다음과 같은 의미를 전달할 수 있다고 본다.

> 바울은 하나님의 심판의 도래를, 주후 45-47년 유다에 불어 닥친 엄청난 기근, 주후 49년 유월절에 성전에서 발생한 유대인의 대학살(요세푸스의 기록), 같은 해에 로마황제 클라우디우스에 의해 이루어진 유대인들의 로마 추방 사건과 같은 일들로 보는 듯 하다. 데살로니가 전서가 대략 주후 50년에 기록되었기 때문에, 이러한 사건들은 기억에 생생한 일들이었으며, 근래의 사건들이었다.67

브루스(F. F. Bruce)는 데살로니가 전서의 내용들이 마태복음 23:34-36

---

65. Ibid, 57.
66. Ibid., 56-57.
67. J. R. W. Stott, *The Gospel at the End of Time: The Message of 1-2 Thessalonians* (Downers Grove: Inter-Varsity Press, 1991), 57.

과 매우 유사하며, 이는 바울이 공관복음 전승 혹은 공관복음 이전의 전승을 참조했음을 의미한다고 주장한다.68 브루스는 데살로니가전서 2:15-16을 설명할 때 다음과 같이 말한다: "여기서 유대인을 덮치는 그 '진노'는 예수께서 그의 백성들에게 전달한 그 '도래할 진노'(1:10)의 한 실례가 된다. 그 진노는 지체함 없이 이미 유대인들에게 임하였다. 유대인들은 복음에 대적함으로써 더 이상 돌이킬 수 없는 상황에 이르렀으며, 최종적인 심판은 불가피하게 되었다. 실로 그 진노는 임했다."69 그 다음 브루스는 바울이 말한 최종적인 진노의 날과 로마서 9-11장에 언급된 회복의 날까지 유대인들의 마음이 일시적으로 강퍅하게 되는 문제에 대해 언급한다. 브루스는 이 딜레마에 대한 몇 가지 해결책을 소개한 뒤 어떤 분명한 입장을 밝히지 않는다.70 아마도 브루스는 여기서 언급된 주의 날을, 최후의 진노를 의미하는 표현으로 생각하는 듯하다.

데이빗 웬함(David Wenham)은 데살로니가전서 2:15-16을 이해할 때 시제를 과거로 보는 것이 가장 좋다고 제안한다. 그리하여 그는 이 본문을 "그 진노가 유대인들에게 최종적으로 임했다"라고 번역한다.71 그는 "에이스 텔로스"(εἰς τέλος)가 마태복음 24:13과 마가복음 13:13에 나오는 예수의 가르침에 등장하고 있으며, 이 구절들이 예수를 믿지 않고 하나님의 사자들을 죽인 유대인들을 데살로니가전서 2:13-16과 매우 유사한 방식으로 비난하고 있음에 주목한다. 나아가 웬함은 마태, 마가, 그

---

68. Bruce, *1 & 2 Thessalonians*, 43.
69. Ibid., 48.
70. Ibid., 48-49.
71. D. Wenham, "From Jesus to Paul-via Luke," in P. Bolt and M. Thompson, eds., *The Gospel to the Nations: Perspectives on Paul's Mission* (Festschrift for P. T. O'brien) (Downers Grove: Inter-Varsity Press, 2000), 94.

리고 데살로니가전서 2:13-16이 모두다 복음을 이방인에게 전할 때에 발생하는 박해에 대해 말하고 있다는 사실을 언급한다. 끝으로, 웬함은 눅 21:23과 데살로니가전서 2:16과의 유사성을 살펴본 뒤 바울이 예수의 가르침에 근거하여 주후 49년의 사신이 이미 도래한 진노였음을 주장하고 있다고 말한다.[72] 웬함은 2:16에 대한 자신의 입장을 다음과 같이 간략하게 정리한다.

> 학자들은 이 사상이 이해하기 힘들며 바울의 표현이 아니라고 인식해 왔으며, 어떤 이들은 이것을 일종의 각주처럼 이해한다. 그렇지만 만약 이 표현이 바울의 것이 아니라고 한다면, 우리는 바울이 유대인들에게 닥칠 진노에 대해 말하는 눅 21:23과 같은 예수의 전승을 사용하고 있다고 말할 수 있을 것이다. 더욱이, 이 사상은 바울이 데살로니가 전서를 쓰던 주후 49년의 역사적 맥락에서 볼 때 그 의미가 통하고 있다. 즉 바울이 데살로니가 전서를 쓸 때 예루살렘과 유대인들에게 재난이 불어 닥쳐왔다. 그 재난은 두 가지 측면을 지닌다. 첫째 클라우디스는 유대인들을 로마에서 추방시켰다. 역사가 수에토니우스(Suetonius)는 유대인들이 "크레스투스의 선동으로 폭동을 일으켰기 때문"[73]이라고 말한다(Cl. 25:4).

혹자는 2:16에 대한 다른 해석의 장점에 대해 주장할 수 있을 것이다. 그렇지만 우리가 이 구절을 해석할 때 바울이 언급하는 이 심판을 모리스, 브루스 그리고 스토트가 주장하듯이 최후의 심판으로 생각해서는 안될 것이다. 먼저 스토트는 1:10의 진노를 미래적으로 보지만 2:16의 심판에 대해서는 완전히(혹은 부분적으로) 과거로 본다. 그 다음 스토트는 2:16의 진노를 미래적으로 해석해야 한다고 주장한다. 모리스는 훨씬 더

---

72. D. Wenham, *Paul and Jesus: The True Story* (Grand Rapids: Eerdmans, 2002), 105.

73. Wenham, "From Jesus to Paul," 94.

상세한 언어적 분석을 제시하지만 동일한 결론에 도달한다. 브루스는 보다 더 미묘한 차이들을 나타내지만 위에서 지적한 딜레마로부터 벗어나지는 못한다.

만약 구약이 심판을, 지금 혹은 나중에 발생할 수 있는 사건으로 가르치며, 바울이 그렇게 믿었다고 결론 내린다면, 어떤 이는 다른 해석을 제시할 수도 있을 것이다. 웬함의 주장처럼, 바울은 예루살렘 멸망에 대한 예수의 관심을 반영하고 있다. 그러므로 바울은 예루살렘의 고난을, 종말 이전에 발생할 해산의 고통으로 이해한다(눅 21:20-24). 그러므로 여기서 언급된 그 진노를 단지 종말론적인 의미로 엄격하게 적용시킬 필요는 없다. 바울은 그 진노의 날, 즉 주의 날이 한 특정한 그룹에 임했으며, 이 경우에는 유대인들에게 임한 것이라고 결론 내릴 수 있다. 바울은 이 주의 날을, 매우 심각하지만 최종적이지 않은 심판의 날로 이해할 수 있다. 간략히 말하면, 바울은 구약의 저자들, 세례 요한 그리고 예수께서 이해하듯이 주의 날을 다루고 있는 것이다.

반면에 데살로니가전서 4:13-5:11은 주로 최종 심판을 다룬다.[74] 동시에, 이 최종 심판은 최후의 주의 날을 생각하며 지금 살아야만 하는 자들에게 현재적 함의를 던져준다. 바울은 이 새로운 신자들을 향해 특히 성적인 면에서 거룩한 삶을 살며 형제와 자매간에 서로 사랑하며, 그리하여 외인들을 존경하도록 촉구하고 있다(4:1-12). 그 다음 바울은 4:13-18에서 고인된 사랑하는 자들에 대해 말하면서 독자들을 위로하며, 예수께서 복음서에서 경고했듯이 주의 날이 도적같이 임할 것임을 상기시

---

74. 본 단락과 살후 1:3-12에 대한 뛰어나고도 간결한 연구로는 T. R. Schreiner, *Paul, Apostle of God's Glory in Christ: A Pauline Theology* (Downers Grove: InterVarsity Press, 2001), 459-471을 보라.

킨다(5:1-3; 마 24:43과 눅 17:24을 보라). 나아가 바울은 그들이 깨어있으며 사랑으로 충만하며 믿음과 희망을 단단히 결속되어야만 함을 강조한다(5:4-11).

데살로니가 후서에서 바울은 곧바로 심판의 문제를 다룬다. 바울은 박해속에서도 견고히 서 있는 교회의 인내에 대한 감사로 이 서신을 시작한다(1:3-4). 그 다음 바울은 백성들의 고난이 하나님의 "의로운 심판"의 한 일부분임을 강조한다. 바울은 이 고난이 그들로 하여금 하나님의 나라를 가치있게 만들며(1:5), 그들을 핍박한 자들에 대한 값을 치르며(1:6), 예수께서 악인을 심판하고 그의 성도들과 함께 영광을 얻기 위해 이 땅에 오실 때 고통 받은 자들에게 안식을 안겨다 줄 것이라고 믿으며(1:7-10), 이것이 바로 하나님의 뜻이라고 선언한다. 바울은 이 때를, 예수께서 강림하실 "그 날"로 부른다(1:10). 그러므로 하나님의 의로우신 계획은 백성들을 고난을 통해 하나님 나라에 합당한 자들로 만드는 것과 "우리 주 예수 그리스도의 복음에 순종하지 않는 자들"에 대해 심판하는 것을 포함한다(1:8). 바울은 이러한 상황을 감안한 뒤 백성들이 고난으로 부름받은 자신들의 소명을 올바로 깨달아 그리스도를 영화롭게 할 수 있기를 기도한다(1:11-12). 그러므로 교회와 불신자들에 대한 하나님의 계획은 현재와 미래의 측면을 모두 포함한다. 다시 한번 윤리는 율법 이후로 줄곧 주의 날의 적용에 있어서 중요한 위치를 점한다.

이 심판의 신학과 관련하여 바울은 주의 날이 이미 도래했다는 오해를 해명한다. 이 오해는 주의 날이라는 표현에 담긴 유연한 특성 때문에 쉽게 발생할 수 있다. 실제로, 데살로니가 교인들은 바울의 첫 번째 편지를 이런 관점에서 오해했을 가능성이 있다. 여기서 바울이 언급하는 특정한 주의 날은 분명이 최종 심판이다. 바울은 주의 날이 임하기 전에 "불법의 사람"이 출현할 것이라고 말한다(2:3-4; 단 7:23-27). 바울은 이 불법의 사람을 막는 자가 있었으며(2:5-6), 이제 그 불법이 이미 나타나고 있지만 아직 완전히 이루어지지 않았다고 말한다(2:7). 이 불법의 사람은 큰 이적을 행할 것이며 사탄의 사자가 될 것이며(2:9), 하나님은 사람을 미혹케 하여 진리를 믿지 않는 자들이 정죄를 당하게 만들 것이다(2:11-12). 아마도 가장 중요한 것은 주 예수께서 "입술의 기운"으로 그를 죽일 것이라는 점이다(2:8). 데살로니가 전서에서와 마찬가지로, 바울은 주의 날이 도래할 때까지 기다리면서도 성실과 열심으로 살아가도록 윤리적 교훈을 전달한다(3:6-15).

지금까지 살펴본 데살로니가 전·후의 간략한 개관은 바울의 주의 날 신학에 대한 중요한 정보를 제공해 준다. 첫째, 주의 날은 "주 예수의 날"이다. 주 예수는 다니엘 7장과 복음서의 인자이다. 실로 그는 여호와이며(빌 2:5-11을 보라), 그러기에 주의 날은 그의 날이다. 예수는 불법의 사람을 무찌르는 자이며(단 7:23-27), 하나님의 군대를 이끌 자이며(살전 4:16-18과 욜 2:11), 심판을 행하며 생명을 주실 자이다(시 96:10-13). 바울은 이러한 논점을 전달하기 위해 구약의 수많은 이미지들을 제시한다.

둘째, 주의 날은 지금 뿐만 아니라 종말의 때에 발생한다. 이런 관점에서 볼 때, 바울은 선지자들과 예수의 입장을 따른다. 특히 바울은 예수와 같이 이 심판이 유대인들에게 이미 시작되었으며 점 점 더 심각해질 것이라고 가르친다(마 23:23-39). 바울은 핍박이 주의 날의 일부이며, 이 핍박은 교회를 정화시키고 정체를 확인시켜주며, 교회의 대적들을 심판하는 과정의 시작을 알려준다고 선언한다.

셋째, 바울은 주의 날에 대한 반응으로서 거룩한 삶을 강조한다. 교회의 고난은 교회로 하여금 거룩한 삶의 필요성을 인식시켜주며, 그리스도를 믿지 않고 그의 계명을 따르지 않는 자들에게 더 큰 고통이 기다리고 있음을 상기시켜준다. 넷째, 바울은 하나님께서 인간의 모든 사건들과 미래를 주관하신다는 점을 확신한다. 다섯째, 하나님께서 악을 저지하신다는 바울의 표현은 다시 한번 하나님의 자비하심과 심판을 더디 행하시는 그 분의 성품을 강조해 준다. 하나님의 성품은 언제나 변치 않는다.

이러한 신념들은 바울의 시간적 위치(부활 후 그리고 예수의 가르침 후)를 암시해 준다. 즉 바울은 예수의 가르침에 순종함으로써 예수를 주의 날의 그 주님으로 고백한다. 그는 예수가 자신에 대해 겸손하게 가르쳤던 바를 분명하게 고백한다. 이러한 확신들은 교회의 고난이 임의적이거나 하나님의 통치 밖에 있지 않음을 암시해 준다. 사실상, 현재의 고난은 심판의 한 부분이다. 그것은 죄로부터 벗어난 그리스도인의 성화의 한 부분인 동시에 불신자들에게는 죄에 대한 하나님의 진노를 경험하는 심판의 한 부분도 된다. 바울은 지금 일어나는 것들이 과거와 미래와도 연결된다고 믿는다. 심판과 구속은 막 지금 일어난 것이 아니다. 심판과 구속은 계속 진행되어 왔으며, 이 주의 날까지 계속될 것이다. 그리하여 심판과 구속은 궁극적으로 성취될 것이다. 끝으로, 바울은 그리스도의 강림, 그의 가르침, 그리고 불법을 막는 하나님의 개입이 하나님의 자비를 강화시켜준다고 믿는다.

주 예수의 날과 교회의 생활(베드로전·후서)

대체로 학자들은 바울과 베드로간의 공통점보다는 그 차이점에 더 많은 초점을 둔다. 물론 학자들마다 모두 동의하지는 않으며, 그것은 논의를 방해하기도 한다. 그것은 바울 서신을 바울 신학으로 그리고 베드로 서신을 베드로 신학으로 취급해야 하는가 라는 문제와 관련이 있다. 마운스(William Mounce)와 다른 이들은 바울 서신의 진정성에 대해 확신하며,[75] 거스리(Donald Guthrie), 슈레이너(Schreiner)와 다른 이들은 베드로 서신의 진정성을 논증한다.[76] 그럼에도 불구하고 두 저자의 서신에 나타난 통일성과 다양성에 대한 연구는 여전히 필요한 작업이다. 두 저자 사이의 일치점 가운데 하나는 이 두 저자가 살았던 교회의 상황 속에서 주의 날과 그 역할에 대한 관점이다. 바울과 베드로 이 두 사도는 주의 날에 대한 성경적 근거, 교회의 생활에 나타난 주의 날의 현재적 역할 그리고 주의 날의 미래적 영향을 강조한다. 비록 이 주제는 두 서신에 퍼져있지만, 우리는 여기서 베드로전서 4:7-19과 베드로후서 3:1-13을 대표적으로 살펴보고자 한다.

베드로전서 4:7에서 베드로 사도는 "만물의 마지막이 가까왔으니 그러므로 너희는 정신을 차리고 근신하여 기도하라"고 말한다. 이러한 선언은 베드로가 그의 독자들을 향해 "사람의 정욕" 대신에 "하나님의 뜻"

---

75. William D. Mounce, *Pastoral Epistles* (WBC 46; Nashville: Thomas Nelson, 2000), xlvi-cxxxvi.
76. Donald Guthrie, *New Testament Introduction* (Downers Grove: InterVarsity Press, 1976), 820-848.

을 추구하도록 촉구한 뒤 소개된다(4:2). 또한 이 선언은 죄 짓지 않는 것을 조롱하는 자들이 "저희가 산 자와 죽은 자 심판하기를 예비하신 자에게 직고하리라"(4:5)는 표현 이후에 소개된다. 데살로니가전서 5:8에 소개되는 바울의 표현과 같이, 베드로는 사랑과 상호 섬김을, 고난의 때에 그리스도인들이 실천해야 할 필수적인 덕목으로 소개한다(4:7-11). 더욱이, 데살로니가전서 1:3-12에 소개되는 바울의 표현처럼, 베드로는 성도들이 직면한 고난을, 신앙의 진실성을 보여주는 증거로, 그리고 심판이 시작되었음을 보여주는 증거(4:12-19)로 생각한다. 베드로는 심판이 하나님의 백성들에게 시작되었다고 선언한다. 이것은 독자들로 하여금 복음에 순종하지 않는 자들에게 두려움이 될 수 있음을 의미한다(4:17; 살후 1:8). 베드로는 잠언 11:3에 대한 인용과 악행대신 선한 일을 행하며 하나님의 뜻에 따라 고난에 동참하라는 호소로 결론을 내린다(4:18-19).

그러므로 베드로는 심판을 현재적이며 미래적인 실재로 이해하며, 이러한 이해는 교회의 현재적 고난이 신자와 하나님과의 관계, 신자와 비신자와의 관계 그리고 신자들 간의 관계와 관련이 있음을 설명해준다. 달리 말하면, 바울과 베드로는 구체적인 면에서는 차이를 보이지만 주의 날과 같은 공통적인 주제는 서로 공유하고 있다.

베드로는 3:1-18에서 주의 날을 최종적인 하나님의 심판의 때로 강조한다. 그는 이 주제를 현 독자들의 상황(고난의 상황), 예수에 대한 경험(벧후 1:16-19), 구약의 본문들(벧후 1:20-21), 하나님의 성품 그리고 독자들의 성품의 관점에서 다룬다. 베드로는 진실한 마음을 일깨우기 위해, 혹은 어려운 상황 속에 있는 그들을 격려하기 위해 이 서신을 쓰고 있다고 말한다(3:1). 그 다음 베드로는 선지자들, 예수 그리고 사도들이 말한 바, 조롱하는 자들이 말세에 나타날 것이라는 점을 독자들에게 상기시킨다. 이 조롱하는 자들은 하나님이 정말로 심판하실 것인지에 대해 의문을 던질 것이다(3:2-4, 사 5:19, 렘 17:15, 습 1:12, 말 2:17).

베드로에 의하면, 이 사람들은 하나님이 그의 말씀으로 세상을 창조하셨고 홍수로 그 세상을 심판하셨으며 불로 이 세상을 심판할 적절한 때가 올 때까지 지금도 기다린다는 것을 무시한다(3:5-7, 창 6-9장, 습 1:12-18, 말 4:1-6). 스바냐 1:12-16은 주님께서 주의 날에 이 조롱자들을 찾으실 것이라고 말한다. 그들 중 어느 누구도 이 어둡고 고통스럽고 두려운 날에서 벗어나지 못할 것이다. 스바냐 1:17-18은 여호와의 날에 "그의 질투의 불길"이 온 땅을 엄습하되, 갑작스럽고도 철저하게 이루어질 것이다. 여호와의 공의의 다스림과 악인의 패망을 예상했던 이사야와 스바냐의 독자들과 같이, 베드로의 독자들은 그와 동일한 기대를 할 것이다. 그들의 대적들은 언제나 의기양양하지 못할 것이다.

베드로는 그의 백성들을 향해 하나님의 본질적인 성품을 간과해서는 안된다고 경고한다. 이 하나님의 성품은 출애굽기 34:6-7, 요엘 2:12-14, 요나 3:8-4:2, 나훔 1:3 그리고 그 밖의 본문에서 발견되는 것이다. 하나님의 성품은 놀라운 인내를 포함한다. 그에게 하루 혹은 천년은 동일하다(3:8; 시 90:4). 그러므로 하나님은 심판을 더디 하지 않는다. 그는 심판을 하지 않거나 할 수 없는 분이 아니다. 그러나 그의 긍휼하심 때문에 심판이 더딜 수 있다(3:9; 욘 3:8-4:2). 하나님은 불신자들이 회개할 때까지 그들에 대해 인내하신다. 죄인에 대한 이 같은 인내는 심판을 더디게 하는 것일 뿐, 하나님의 공의의 부재로 볼 수 없다. 리차드 보쿰(Richard Bauckham)이 말하듯이, "하나님의 참으심은 일정한 유예의 기간을 만들어 주며, 심판이 연기됨으로 회개의 마지막 기회가 주어지는 것이다."[77]

---

77. Richard J. Bauckham, *Jude, 1-2 Peter* (WBC 50; Waco, TX: Word, 1983), 312.

달리 말하면, 하나님은 노여움을 더디 하신다(출 34:6-7). 그러나 하나님은 죄악을 분명히 밝힐 것이다(출 34:6-7; 나 1:3). 마침내 주의 날은 도적처럼 갑자기 임할 것이다(3:10; 마 24:43). 그리고 하늘과 땅이 풀어질 것이다(3:10; 사 24:19, 미 1:4, 나 1:5, 마 24:35). 아무도 하나님의 참으심을 "우유부단함"이나 "무관심"으로 오해할 수 없을 것이다. 오히려 주의 날은 모든 사람들의 행위를 드러나게 만들 것이다(3:10).

베드로는 주의 날을 다루는 이 단락에서 거룩한 삶에 대한 요청으로 결론을 내린다. 이 모든 일들이 발생할 것이기 때문에, 백성들은 거룩한 삶을 살고자 노력해야 하며, 그 날이 올 때를 기다려야 하며, 이 땅에 의가 거할 때까지 소망으로 인내해야 할 것이다. 새 하늘과 새 땅에 대한 표현은 독자들에게 이사야 65:17-25을 상기시켜준다. 거룩한 삶에 대한 강조는 데살로니가전서 4:13-18과 데살로니가후서 1:3-12에서 유사한 방식으로 거룩함을 강조했던 사도 바울과 본질상 동일한 관점을 취한다(마 24:36-51). 바울과 베드로는 독자들을 향해 심판이 시작되어 계속 진행되는 가운데에도 최종 심판에 대한 올바른 인식을 갖고 살아가야 함을 환기시켜준다(3:15-16). 실로 베드로는 바울이 그의 서신들(베드로는 이 서신들을 "경"이라고 부른다)에서 그러한 문제를 다루고 있다고 말한다. 그러므로 베드로는 바울의 서신들을 "교회의 규범적 문헌 혹은 정경의 일부"로 취급한다.[78] 그러한 경건한 삶은 예수 그리스도를 주의 날의 주님 즉 그리스도를 인자요 다가올 진노로부터 구속해 주실 바로 그 분으로 믿는 자들의 합당한 반응이다. 그것은 불법을 피하며 은혜 가운데 성장해 나갈 자들의 반응이다(3:17-18).

---

78. Bo Reicke, *The Epistles of James, Peter and Jude* (AB 37; Garden City, NY: Doubleday, 1964), 183.

결론

거짓 교사들에 대한 베드로의 비난, 주의 날에 대한 베드로의 이해, 성경의 권위를 의존하는 베드로의 자세 그리고 거룩한 삶에 대한 베드로의 신념은 이전의 성경 본문들과 맥락을 함께 한다. 베드로는 출애굽기 34:6-7과 관련 본문들에 나오는 하나님의 성품에 대한 신념에 대해 확고한 입장을 가진다. 베드로는 이런 본문들을 통해 주의 날이 진실의 부재가 아닌, 자비의 일환임을 단언한다. 베드로는 하나님께서 창세기 6-9장에 근거하여 불로 세상을 심판하실 것이라는 신념을 확고히 한다. 이러한 불 심판은 홍수 심판과 유비를 이룬다. 또한 베드로의 신념은 이사야 5:18-24, 이사야 65-66장 그리고 스바냐 1:1-18에 기초하고 있다. 그는 이런 본문들을 통해 세상 및 땅의 심판과 불을 연결시키고 있으며, 예수, 세례 요한 및 바울이 갑작스러운 심판을 불에 의한 종말로 연결시키는 마가복음 9:48, 누가복음 3:17, 데살로니가후서 1:9과도 연관성을 지닌다. 거룩한 삶을 촉구하는 베드로의 경고는 선지자들의 회개 촉구의 메시지에 근거를 둔다.

베드로는 베드로후서 1:16-21에서 이전 선지자들의 말씀의 정확성과 적실성을 강조하면서 성경에 대한 그의 입장을 진술한다. 베드로는 독자들을 향해 주의 날이 지금 발생할 수 있음을 경고한다. 간략히 말하면, 베드로는 전체 성경신학적 맥락에 근거하여 거짓 교사들의 가르침을 천천히 침몰시킨다. 베드로는 주의 날에 대한 성경의 가르침을 탁월하게 잘 요약하고 있다.

주의 날에 대한 성경의 통일된 표현에 대한 신약의 증거

신약의 저자들은 주의 날에 대한 특정한 구약 본문들의 이미지들을 선택하며, 그 메시지에 동의를 표한다. 비록 신약 저자들은 독자들의 필요에 따른 다양한 입장들을 표방하지만, 분명 이전 성경 본문들과 매우 밀접한 연관성을 지닌다. 이러한 다양성 가운데 통일성은 다음과 같은 몇 가지 방식들을 통해 나타난다.

첫째, 신약의 저자들은 창조, 홍수, 소돔의 멸망, 묵시적 본문들 및 예언적 본문들의 이미지를 사용한다. 그들은 이러한 이전 본문들을, 모범적이며 권위적인 본문들로 취급한다. 둘째, 신약의 저자들은 주의 날의 때와 목적에 대한 신념들을 선지서와 성문서로부터 취한다. 그들은 주의 날이 과거의 한 사건으로, 현재의 일시적인 사건으로 그리고 미래의 사건으로 간주할 수 있다고 결론 내린다. 현재 혹은 가까운 미래의 사건들(예를 들면 주후 49년과 70년)은 주의 날의 한 부분이 될 것이다. 그리고 죄악이 최종적으로 제거되는 날도 주의 날이 될 것이다. 심지어 교회의 현재의 고난도 심판이 될 수 있으나, 분명이 그것은 악인에 대한 심판의 시작도 된다. 그러므로 비즐리 머리(G. R. Beasley-Murry)는 주의 날에 대한 구약과 신약의 정의를 다음과 같이 내린다. "주의 날은 ① 하나님께서 역사 속에서 행동하시며 ② 사람들을 위해 심판을 수반하며 ③ 주님에 의해 결정되는 어떤 시점이다."[79]

---

79. Beasley-Murray, 11.

셋째, 그들은 주의 날을 주 예수의 날로 선포한다. 예수는 인자이며, 그의 출현은 주의 날이 가까이에 혹은 이미 도래했음을 알려준다. 예수는 옛적부터 계신 이가 하나님의 나라를 넘겨주었던 그 사람이다. 예수는 주의 마지막 날 이후 다스릴 그 인자이다. 예수는 교회의 대적들이 직면하게 될 그 분이다. 이 대적들은 예수가 재림할 때 혹은 자신들이 죽을 때 그 분과 직면해야 할 것이다. 또한 예수는 지금 그들을 심판하는 자이다. 여호와의 날이 주 예수 그리스도의 날이기에 예수는 여호와이시다.

넷째, 그들은 주의 날이 신자들의 행동과 밀접하게 연결되어 있다고 선언한다. 그들은 선지자들 특히 이사야와 아모스 그리고 성문서와 함께 이러한 확신을 공유하고 있다. 하나님을 섬기는 자들은 하나님 나라의 기준을 따라야만 한다. 그렇지 않으면, 그들은 그들의 행위에 따라 하나님의 심판을 경험할 것이다. 이러한 교훈은 애가, 데살로니가 서신 및 베드로의 서신에서 배울 수 있다.

다섯째, 그들은 하나님의 자비가 심판보다 우선한다는 출애굽기 34:6-7, 요엘 2:12-13, 요나 4:2, 나훔 1:2-8과 같은 주의 날 본문들과 맥락을 같이한다. 하나님의 참으심은 무관심으로 오해 되어서는 안 된다. 하나님께서 심판을 통해 죄를 다루신다고 해서 하나님을 잔인하신 분 혹은 심판을 즐거워하는 분으로 오해해서는 안 된다. 주의 날이 도래하기까지 오랜 기간의 자비가 뒤따른다.

이와 같은 결론들을 고려해 볼 때, 우리는 성경에 나타난 주의 날에 대한 표현이 고도의 통일성을 보여준다고 말할 수 있다. 실제로, 이러한 주의 날에 대한 표현은 정상적이고도 납득할만한 다양성 가운데 통일성이 있음을 보여주는 흥미로운 실례가 된다. 또한 이 표현은 하나의 주제가 정경 속에서 발전하여 이전 본문에서 새로운 상황으로 적용되는 흥미로운 사례를 보여준다. 그러기에 베드로후서에서 베드로는 이 주의 날을 논의 할 때 선지자들, 예수 그리스도, 교회의 사도들 및 바울 사도를 언급한다. 그러므로 이 주제는 복음서에서 뿐만 아니라 성경 신학의 한 통일된 패러다임을 만들어내는 데 가장 중요한 기능을 하고 있는 것이다.

How to Understand the Day of the Lord
주의 날 어떻게 이해할 것인가

주의 날에 대한 분석과 적용

Part 2

지금까지 우리는 제1부에서 주의 날이라는 주제가 구약과 신약에 걸쳐 어떻게 점진적으로 발전해 왔는가를 살펴보았으며, 구약과 신약의 통일성을 논증할 수 있는 두드러진 주제로서 주의 날의 중요성을 깨달을 수 있었다.

이제 우리는 주의 날의 주제를 집중적으로 다루고 있는 구약의 본문들을 구체적으로 살펴본 후 신약과의 연관성과 현대적 적용을 시도해 보고자 한다. 특히 제2부는 구약의 본문들 가운데 주의 날을 다루는 가장 대표적인 본문으로서 스바냐서, 스가랴 14장 그리고 주의 날의 심판을 경험한 하나님의 백성들의 진솔한 반응을 보여주는 예레미야 애가 3장에 대한 분석과 적용에 초점을 맞출 것이다.

Part 2

주의 날에 대한 분석과 적용

스바냐서의 주의 날

12선지서에서 스바냐서의 위치

최근의 구약학계는 시대적 배경에 따라 본문의 자료를 파편화시키는 극단적인 역사 비평적 입장에서 돌아서서 본문의 유기적 통일성에 관심을 기울이고 있다.[1] 이러한 해석학적 변화는 12소선지서 연구에 매우 두드러지게 나타난다.[2] 예를 들면 렌토르프(Rolf Rendtorff)와 같은 학자들은 12선지서의 신학적 통일성에 주목하면서 "주의 날"이라는 주제를

---

    1. 예를 들면, 이사야서의 통일성에 대한 최근의 연구들을 살펴보려면, 장세훈, 「한 권으로 읽는 이사야서」(서울: 이레서원, 2004)을 보라.
    2. 최근에 활발히 논의되는 12 선지서의 통일성에 대한 연구로는 Paul R. House, *The Unity of the Twelve*, JSOTSup 97 (Sheffield: Almond Press, 1990); James

How to Understand the Day of the Lord

통일성의 주요 열쇠로 제시해 왔다.³ 더욱이 그는 스바냐가 다른 12선지서와는 달리 "주의 날"의 원인을 이스라엘의 "죄"로 규정하기 때문에 매우 두드러진다고 진단한다.⁴ 또한 노갈스키(J. Nogalski)는 스바냐가 포로기 전 시대에서 포로기 후 시대로 넘어가는 전환점을 이루기 때문에 12선지서에 중심적인 위치를 점하고 있다고 주장한다.⁵ 폴 하우스(Paul House)는 스바냐를 구심점으로 하는 12선지서의 전체 구조를 세 가지 주제(죄, 심판 그리고 회복)와 연결시켜 분석한다:

Nogalski & Marvin A. Sweeney, eds., *Reading and Hearing the Book of the Twelve* (Atlanta: SBL, 2000); Edgar W. Conrad, *Zechariah* (Sheffield: Sheffield Academic Press, 1999); Marvin A. Sweeney, *The Prophetic Literature* (Nashville: Abingdon, 2005), 165-219를 보라.

    3. Rolf Rendtorff, "How to Read the Book of the Twelve as a Theological Unity," in *Reading and Hearing the Book of the Twevle*, 75-87.

    4. Ibid., 84.

    5. James Nogalski, *Literary Precursors to the Book of the Twelve*, BZAW 217 (Berlin: de Gruyter, 1993), 206.

<table>
<tr><td colspan="2" align="center">12선지서의 구조</td></tr>
<tr><td>호세아
요엘
아모스
오바댜
요나
미가</td><td>죄: 언약적이고 우주적임</td></tr>
<tr><td>나훔
하박국
스바냐</td><td>심판: 언약적이고 우주적임</td></tr>
<tr><td>학개
스가랴
말라기</td><td>회복: 언약적이고 우주적임</td></tr>
</table>

여기서 하우스는 죄와 심판에서 회복으로 넘어가는 단계에 위치한 스바냐가 12선지서의 최절정을 이룬다고 강조한다. 비록 노갈스키와 하우스의 주장이 다소 과장될 수도 있겠지만, 12선지서에 나타난 스바냐의 중심적 위치는 결코 간과될 수 없을 것이다.

스바냐서의 구조

전통적으로 비평학자들은 스바냐를 세 개의 주요 단락(1:2-2:3; 2:4-3:8; 3:9-20)으로 구분해 왔다. 비평학자들은 1장의 내용들은 대부분 스바냐의 작품이지만 2-3장은 후대의 작업으로 간주해 왔다.[6] 그리고 각각

---

6. 예를 들면, 이러한 전형적인 비평학적 구분을 따르는 O. Kaiser는, 1:2-2:3은 유다와 예루살렘을 향한 심판 선언을, 2:4-3:8은 이방 족속들과 예루살렘을 향한 선포를, 그리고 3:9-20은 구원의 선언을 제시하고 있다고 주장한다. 그의 *Introduction to the*

의 세 단락들이 심판과 구원이라는 주제로 구분될 수 있다고 보았다. 그러나 이러한 전통적인 구조분석은 많은 학자들로부터 도전을 받았으며, 새로운 입장들이 제시되어 왔다.7 최근에 스위니(Marvin A. Sweeney)는 스바냐를 하나의 문학적 통일체로 보아야 하며, 스바냐의 구조가 "여호와를 찾으라는 권고"(Exhortation to seek YHWH)의 메시지로 이루어져 있다고 주장한다.8 하우스(Paul House)는 스바냐를 플롯으로 이루어진 일종의 "드라마"로 간주한다. 그는 스바냐의 플롯 구조를 다음과 같은 다섯 단계로 나눈다.

> 서론적 설명(Exposition) · 1:1-7
> 혼란(Complication) · 1:8-2:11
> 위기의 절정(Climax of Crisis) · 2:12-3:5
> 위기의 해결(Resolution of Crisis) · 3:6-13
> 마무리와 결론(Falling Action and Conclusion) · 3:14-20

모티어(J. A. Motyer)는 전통적인 구분 방식을 따르면서도 각각의 단락에 나타나는 어휘와 단어의 반복들에 관심을 집중시킨다. 특히 그는 스바냐를, "보편주의" 즉 "열방의 운명"이라는 주제를 통해 서론부와 결론부의 인클루지오(inclusio)를 이루는 통일된 작품으로 이해한다.9 치솜(R. B. Chisholm)은 스바냐 전체가 1:2-18; 2:4-3:7 그리고 3:10-20로 구분될

Old Testament: A Presentation of its Results and Problems (Minneapolis: Augsburg, 1975), 230-31을 보라.
    7. 이러한 전통적인 분석에 대한 비판으로는 Marvin A. Sweeney, *The Prophetic Literature*, 199-200을 보라.
    8. Ibid., 200.
    9. J. A. Motyer, "Zephaniah," in *The Minor Prophets*, 3 vols., ed. T. E. McComiskey (Grand Rapids: Baker, 1993), 3:902-4.

수 있으며, 이 세 주요 단락들이 두 개의 큰 축(2:1-3; 3:8-9)으로 연결된 다고 주장한다. 치솜에 의하면, 이 두 축은 "회개하라"와 "기다리라"는 권고의 메시지를 전달하는데, 2:1-3은 1:2-18의 결론인 동시에 2:4-3:7의 서론이 되며, 3:8-9은 2:4-3:7의 결론인 동시에 3:10-20의 서론이 된다고 본다.[10]

회개하라   기다리라

1:2-18 ⇨ [2:1-3] ⇦ 2:4-3:7 ⇨ [3:8-9] ⇦ 3:10-20

끝으로 필자는 전체 스바냐서를 열방과 이스라엘의 심판과 구원의 메시지로 엮어진 6개의 단락으로 나누어 보고자 한다. 이 구조분석은 열방의 심판(B, B')이 곧 예루살렘의 심판(C)과 무관치 않으며, 전자(B, B')가 후자(C)의 경고가 됨을 보여준다. 대체로 C와 B'는 같은 단락으로 취급하지만, 필자는 여호와의 인칭 변화에 따라 C(3인칭)와 B'(1인칭)를 구분하고자 한다. 끝으로 스바냐는 "심판의 주의 날"(A)로 시작하여 "회복의 주의 날"(A')로 마무리되면서 "주의 날"이라는 주제로 인클루지오(inclusio)를 이룬다.

> 표제(1:1)
> A. 심판의 주의 날(1:2-2:3)
>   B. 열방의 심판(2:4-15)
>   C. 예루살렘의 심판(3:1-5)
>   B'. 열방의 심판(3:6-8)
> A'. 회복의 주의 날(3:9-20)

---

10. R. B. Chisholm, Jr., *Interpreting the Minor Prophets* (Grand Rapids: Zondervan, 1990), 201-215.

스바냐서 분석

표제(1:1)

아몬의 아들 유다 왕 요시아의 시대에 스바냐에게 임한 여호와의 말씀이라 스바냐는 히스기야의 현손이요 아마랴의 증손이요 그다랴의 손자요 구시의 아들이었더라

A. 심판의 주의 날(1:2-2:3)

여호와께서 가라사대 내가 지면에서 모든 것을 진멸하리라 내가 사람과 짐승을 진멸하고 공중의 새와 바다의 고기와 거치게 하는 것과 악인들을 아울러 진멸할 것이라 내가 사람을 지면에서 멸절하리라 나 여호와의 말이니라 내가 유다와 예루살렘 모든 거민 위에 손을 펴서 바알의 남아 있는 것을 그곳에서 멸절하며 그마림이란 이름과 및 그 제사장들을 아울러 멸절하며 무릇 지붕에서 하늘의 일월성신에게 경배하는 자와 경배하며 여호와께 맹세하면서 말감을 가리켜 맹세하는 자와 여호와를 배반하고 좇지 아니한 자와 여호와를 찾지도 아니하며 구하지도 아니한 자를 멸절하리라 주 여호와 앞에서 잠잠할찌어다 이는 여호와의 날이 가까왔으므로 여호와가 희생을 준비하고 그 청할 자를 구별하였음이니라 여호와의 희생의 날에 내가 방백들과 왕자들과 이방의 의복을 입은 자들을 벌할 것이며 그 날에 문턱을 뛰어 넘어서 강포와 궤휼로 자기 주인의 집에 채운 자들을 내가 벌하리라 나 여호와가 말하노라 그 날에 어문에서는 곡성이, 제 이 구역에서는 부르짖는 소리가, 작은 산들에서는 무너지는 소리가 일어나리라 막데스 거민들아 너희는 애곡하라 1)가나안 백성이 다 패망하고 은을 수운하는 자가 끊겨졌음이니라 그 때에 내가 등불로 예루살렘에 두루 찾아 무릇 찌끼 같이 가라앉아서 심중에 스스로 이르기를 여호와께서는 복도 내리지 아니하시며 화도 내리지 아니하시리라 하는 자를 벌하리니 그들의 재물이 노략되며 그들의 집이 황무할 것이라 그들이 집을 건축하나 거기 거하지 못하며 포도원을 심으나 그 포도주를 마시지 못하리라 여호와의 큰 날이 가깝도다 가깝고도 심히 빠르도다 여호와의 날의 소리로다 용사가 거기서 심히 애곡하는도다 그 날은 분노의 날이요 환난과 고통의 날

이요 황무와 패괴의 날이요 캄캄하고 어두운 날이요 구름과 흑암의 날이요 나팔을 불어 경고하며 견고한 성읍을 치며 높은 망대를 치는 날이로다 내가 사람들에게 고난을 내려 소경 같이 행하게 하리니 이는 그들이 나 여호와께 범죄하였음이라 또 그들의 피는 흘리워서 티끌 같이 되며 그들의 살은 분도 같이 될찌라 그들의 은과 금이 여호와의 분노의 날에 능히 그들을 건지지 못할 것이며 이 온 땅이 여호와의 질투의 불에 삼키우리니 이는 여호와가 이 땅모든 거민을 멸절하되 놀랍게 멸절할 것임이라 수치를 모르는 백성아 모일찌어다 모일찌어다 명령이 시행되기 전, 광음이 겨 같이 날아 지나가기 전, 여호와의 진노가 너희에게 임하기 전, 여호와의 분노의 날이 너희에게 이르기 전에 그리할찌어다 여호와의 규례를 지키는 세상의 모든 겸손한 자들아 너희는 여호와를 찾으며 공의와 겸손을 구하라 너희가 혹시 여호와의 분노의 날에 숨김을 얻으리라

스바냐서의 표제는 "요시아 시대에 스바냐에게 임한 여호와의 말씀"이라고 소개한다. 그러므로 이 표제는 스바냐서의 배경을 요시아 통치 시대로 보고 있다. 학자들은 스바냐서의 기록 시기에 대해 요시아 왕의 개혁 이전시기로 보는 견해와 개혁 이후시기로 보는 견해로 나누어진다. 개혁 이전 시기로 보는 학자들은 바알 종교에 대한 비판이 언급되고 있다는 점에 근거하여 스바냐서의 배경을, 이교도적 풍습이 난무하던 개혁 이전 시기로 간주한다.

반면에 개혁 이후 시기로 보는 학자들은 바알 종교에 대한 비판을, 요시아의 개혁이 완전히 성공하지 못했음을 반영해 주는 증거로 이해한다. 또한 스바냐가 신명기적 사상에 대한 강조(1:5, 13, 18; 3:5)를 보여주고 있음은 요시아가 성전에서 "율법책"을 발견한 것과 관련이 있다고 본다(왕하 22:8). 하지만 스바냐서의 기록 시기를 정확하게 결정하기란 어려운 일이다. 다만 개혁 이전이든 개혁 이후이든 스바냐의 메시지는 심판의 심각성을 일깨워주며, 오직 여호와께로 돌아가는 길만이 유일한

희망임을 역설한다. 그러므로 스바냐서는 요시아 시대에 선포된 "주의 날이라는 주제로 구조화된 통일된 책"[11]으로 보는 것이 가장 적절해 보인다.

이런 관점에서 볼 때, 스바냐서가 시작부터 심판을 언급하고 있음은 주목해 볼 만하다. 특히 스바냐서의 서두로서 심판의 주의 날을 강조하는 1:2-2:3은 우주적 심판을 경고하는 1:2-6과 주의 날 자체를 선포하는 1:7-2:3로 구분될 수 있다. 먼저 선지자는 1:2-3에서 온 땅을 뒤덮는 심판을 선포한다. 여기서 여호와는 자신이 창조한 피조물들을 모두 진멸할 것이라고 경고한다. 흥미롭게도 하나님이 창조하신 피조물들은 심판의 대상들로 열거되며, 그 순서는 창조 기사의 등장순서와 반대로 소개된다.

창조의 순서	심판의 순서
바다의 고기	사람
공중의 새	짐승
짐승	공중의 새
사람	바다의 고기

이것은 창조세계를 뒤엎는, 피조물들에 대한 하나님의 심판의 심각성을 반영해준다. 이 우주적 심판은 홍수 심판의 범위를 훨씬 넘어선다. 왜냐하면 바다의 생물조차도 하나님의 심판의 대상이 되기 때문이다. 그렇다면 왜 하나님이 이 같은 우주적인 심판을 감행하는 것인가? 3절은 우주적 심판의 원인이 되는 "악인들"의 이슈를 부각시킨다. 결국 피조물들은 인류의 죄악으로 인해 심판의 고통을 당하게 될 것이다. 특별

---

11. J. A. Motyer, "Zephaniah," in *The Minor Prophets*, 3 vols. (ed.) T. E. McComiskey (Grand Rapids: Baker, 1993), 3: 901.

히 선지자는 4-6절에서 이 심판의 대상을 유다와 예루살렘으로 좁혀 나간다. 여기서 선지자는 심판의 대상이 되는 악인들의 종류를 세 부류로 구분한다. 첫째, 선지자는 여호와께서 바알과 같은 우상을 숭배하는 자들을 심판하실 것이라고 선언한다(4절), 둘째, 선지자는 여호와와 이방신을 함께 부르는 혼합종교를 심판하실 것이라고 경고한다(5절). 셋째, 여호와를 떠나 이방신을 구하는 자들에 대한 준엄한 심판이 예고된다(6절).

스바냐의 서두인 1:2-2:3의 후반부가 되는 1:7-2:3은 심판의 선언을 더욱 강화시킨다. 특히 여호와의 날이라는 표현과 아울러 1:8, 9, 10, 12절에 등장하는 "그 날에"라는 표현은 주의 날의 이미지를 한층 더 부각시켜준다. 먼저 선지자는 1:7에서 주 여호와 앞에서 "잠잠하라"는 명령으로 시작한다. 이러한 침묵에 대한 요청은 임박한 하나님의 심판을 예고해 준다. 선지자는 심판에 직면한 유다 백성들의 운명을, 희생 제물에 비유한다(1:7). 그러기에 선지자는 유다의 심판의 날을 희생의 날로 간주한다(1:8).

그렇다면 유다 백성들이 주의 날의 심판을 당하게 되는 이유는 무엇인가? 여기서 선지자는 왕궁의 문제에 초점을 둔다. 선지자는 왕궁의 타락과 관련하여 주의 날의 원인을 다음과 같이 진단한다. 첫째, 방백들과 왕조들은 이방의 의복과 관습을 따랐으며, 둘째, 그들 중 어떤 이들은 문턱을 뛰어넘는 이교적 행위를 자행했으며(삼상 5:5), 셋째, 왕궁을 폭력과 속임으로 변절시켰기 때문이다(1:8-9). 선지자가 비난하는 왕의 자식들의 비행은 그 당시 유다의 죄악상을 대변해 준다고 볼 수 있다. 나아가 선지자는 예루살렘 도성에 대한 전반적인 심판을 선포한다. 첫째, 선지자는 어문으로부터 곡성이 들려 올 것이라고 경고한다. 이 "어문"은 예루살렘의 북문을 가리키는 표현이며, 실제로 이방 군대가 이 북문으로부터 침공해 올 것임을 암시해 준다. 또한 선지자는 상인들과 무역업자들도 심판을 경험할 것이라고 선언한다. 그러므로 예루살렘의 부와 성공은 단숨에 무너질 것이며, 그들의 집은 파괴되고 말 것이다(1:11-13).

더욱이 14-18절은 주의 날 모티브와 거룩한 전투 개념이 결합된 독특한 특징을 보여준다. 여호와는 그의 백성들을 멸망시키며 세상을 심판하기 위해 도래하는 전사로 묘사된다. 좀더 구체적으로 말하면, "구름"이나 어둠"과 같은 표현들은 하나님의 임재를 묘사하기 위해 사용되는 상투어이다(출 19:16; 20:21; 신 4:11). 반면에 "나팔"이나 "견고한 성읍"과 같은 단어들은 전투적 배경을 암시해 준다. 그러므로 심판의 주의 날은 하나님의 백성들과 온 세상을 대적으로 삼고 전투에 임하는 전사로서의 여호와의 이미지를 반영해준다.

그럼에도 불구하고 2:1-3은 이러한 무서운 심판에서 벗어날 수 있는 길을 제시한다. 2:1-3에서 스바냐는 5개의 명령형(모이라, 모이라, 찾으라, 찾으라, 찾으라)을 집중적으로 소개하는데, 이는 사태의 심각성을 부각시켜준다. 특히 스바냐는 여호와의 심판의 날이 도래하기 전에 여호와를 "찾고" "구하라"고 명령한다. 개역성경에는 "찾으라" "구하라"로 번역하지만 히브리어는 동일한 한 동사('바카쉬', בַּקֵּשׁ)의 반복으로 나타난다. 그러므로 한글로 번역할 때는 "찾으라" 혹은 "구하라"라는 말로 통일시키는 것이 바람직하다. 여기서 스바냐는 아모스 5:6-7의 회개촉구를 연상시킨다. 그러나 그는 아모스의 표현에 나타나지 않는 "겸손"('아나', עָנָו)이라는 단어를 첨가시키는 바, 이는 하나님의 신실한 남은 자의 특징으로서 강조되고 있으며, 교만의 죄를 더욱 부각시키는 효과도 전달하고 있다. 만약 교만을 회개하지 않는다면, 백성들은 여호와의 진노로부터 벗어날 수 없을 것이다. 그러나 스바냐는 회개하는 자에게는 회복의 가능성이 있을 수 있음을 암시해주고 있다.

B. 열방의 심판(2:4-15)

가사가 버리우며 아스글론이 황폐되며 아스돗이 백주에 쫓겨나며 에그론이 뽑히우리라 해변 거민 그렛 족속에게 화 있을찐저 블레셋 사람의 땅 가나안 아 여호와의 말이 너희를 치나니 내가 너를 멸하여 거민이 없게 하리라 해변은 초장이 되어 목자의 움과 양떼의 우리가 거기 있을 것이며 그 지경은 유다 족속의 남은 자에게로 돌아갈찌라 그들이 거기서 양떼를 먹이고 저녁에는 아스글론 집들에 누우리니 이는 그들의 하나님 여호와가 그들을 권고하여 그 사로잡힘을 돌이킬 것임이니라 내가 모압의 훼방과 암몬 자손의 후욕을 들었나니 그들이 내 백성을 훼방하고 스스로 커서 그 경계를 침범하였느니라 그러므로 만군의 여호와 이스라엘의 하나님이 말하노라 내가 나의 삶을 두고 맹세하노니 장차 모압은 소돔 같으며 암몬 자손은 고모라 같을 것이라 찔레가 나며 소금 구덩이가 되어 영원히 황무하리니 나의 끼친 백성이 그들을 노략하며 나의 남은 국민이 그것을 기업으로 얻을 것이라 그들이 이런 일을 당할 것은 교만하여 스스로 커서 만군의 여호와의 백성을 훼방함이니라 여호와가 그들에게 두렵게 되어서 세상의 모든 신을 쇠진케 하리니 이방의 모든 해변 사람들이 각각 자기 처소에서 여호와께 경배하리라 구스 사람아 너희도 내 칼에 살륙을 당하리라 여호와가 북방을 향하여 손을 펴서 앗수르를 멸하며 니느웨로 황무케 하여 사막 같이 메마르게 하리니 각양 짐승이 그 가운데 떼로 누울 것이며 당아와 고슴도치가 그 기둥 꼭대기에 깃들일 것이며 창에서 울 것이며 문턱이 적막하리니 백향목으로 지은 것이 벗겨졌음이라 이는 기쁜 성이라 염려 없이 거하며 심중에 이르기를 오직 나만 있고 나 외에는 다른이가 없다 하더니 어찌 이같이 황무하여 들짐승의 엎드릴 곳이 되었는고 지나가는 자마다 치소하여 손을 흔들리로다

이 단락은 회개를 촉구하는 2:1-3에 이어서 새로운 단락으로 등장한다. 이와 같은 회개의 촉구에 이어서 열방에 대한 심판(2:4-15)이 새롭게 등장한다. 본 단락은 블레셋(2:4-7), 모압과 암몬(2:8-11), 구스(2:12) 그리고 앗수르(2:13-15)에 대한 심판으로 이루어져 있다. 지정학적으로 볼 때,

블레셋은 이스라엘의 서부, 모압과 암몬은 동부, 구스는 남부 그리고 앗수르는 북부에 속한다.

그러므로 본문은 열방에 대한 심판이 광범위하게 임할 것임을 암시해 준다. 이 열방의 심판 선언은 심판의 구체적인 이유를 밝히고 있지 않다. 그러므로 이 단락의 목적은 열방의 한 족속이 심판받아 마땅하다는 것을 보여주거나 혹은 왜 이 족속이 심판을 받는지를 설명하는데 있지 않다. 오히려 이 열방 심판 신탁은 이스라엘로 하여금 자신들의 죄악을 바라보게 함으로써 2:1-3에서 강조했던 회개와 연결시켜주고 있다.

그러므로 로벗슨(O. P. Robertson)은 "다른 민족들에 대한 주님의 심판은 그의 백성들로 하여금 자신들이 하나님의 의로운 보응의 심판으로부터 벗어날 수 없음을 깨닫게 해준다. 한편 이웃 족속들에 대한 하나님의 심판으로부터 유다가 얻는 축복은 여호와 앞에서 의로 행하게 한다는 점이다"[12]라고 주장한다. 특히 이 열방의 땅(특히 블레셋, 모압, 암몬)을 이스라엘이 차지하게 될 것이라는 약속은 이 열방의 심판 메시지가 열방이 아닌 이스라엘을 향한 메시지임을 더욱 강조해 준다. 그러므로 스바냐의 메시지는 자명하다. 만약 이스라엘이 회개하여 여호와를 찾으면 그들은 열방을 차지하는 축복을 누릴 것이다. 그러나 회개하지 않는다면, 그들도 심판 받게 될 열방과 같은 운명에 처하게 될 것이다.

C. 예루살렘의 심판(3:1-5)

패역하고 더러운 곳, 포학한 그 성읍이 화 있을찐저 그가 명령을 듣지 아니하며 교훈을 받지 아니하며 여호와를 의뢰하지 아니하며 자기 하나님에게 가까

---

12. O. P. Robertson, *The Books of Nahum, Habakkuk, Zephaniah*, NICOT (Grand Rapids: Eerdmans, 1990), 296.

이 나아가지 아니하였도다 그 가운데 방백들은 부르짖는 사자요 그 재판장들은 이튿날까지 남겨 두는 것이 없는 저녁 이리요 그 선지자들은 위인이 경솔하고 간사한 자요 그 제사장들은 성소를 더럽히고 율법을 범하였도다 그 중에 거하신 여호와는 의로우사 불의를 행치 아니하시고 아침마다 간단 없이 자기의 공의를 나타내시거늘 불의한 자는 수치를 알지 못하는도다

본 단락은 스바냐 전체 구조의 중심을 차지하고 있는 바, 예루살렘의 죄악상과 그에 대한 심판의 경고에 초점을 두고 있다. 본 단락은 "성읍"이라는 표현으로 시작한다. 비록 이 도성의 이름이 언급되지 않지만, 분명 이 도성은 다름 아닌 예루살렘을 일컫는다. 바로 앞선 단락인 2:13-15에서 니느웨의 심판이 다루어진 뒤 곧이어 3:1에서 예루살렘이 다루어지고 있는 것은 예루살렘 역시 열방과 같이 심판 아래 있음을 암시해준다. 이와 같은 스바냐의 메시지는 열방과 함께 유다와 예루살렘의 심판을 선포하는 아모스의 선언 방식을 연상시킨다. 선행단락에서 열방에 대한 심판을 다루었던 스바냐는 이제 유다의 죄악에 초점을 둔다. 스바냐는 유다가 열방만큼이나 타락했으며 그들도 하나님의 심판으로부터 벗어날 수 없음을 밝혀준다(3:5).

특히 스바냐는 유다의 죄악이 열방의 죄악보다 더 심각하다고 지적한다. 그 이유는 하나님께서 유다에게 특별한 방식으로 그의 가르침과 말씀을 전해주었으나 그들이 이 모든 것들을 거부했기 때문이다. 또한 예루살렘은 하나님을 신뢰하지도 않았고 그를 경배하지도 않았다(2절). 스바냐의 비난은 여기서 멈추지 않고 보다 구체적으로 유다의 지도자들에게로 옮겨간다. 3절은 정치적 지도자들에 대한 비난에 무게를 두는 반면, 4절은 영적인 지도자들에 대한 비난에 초점을 둔다. 흥미롭게도 스바냐는 정치적 지도자들의 죄악상을 묘사하기 위해 동물 이미지를 사용한다. 방백들은 먹이를 찾아 울부짖는 사자에, 재판장들은 저녁에 먹이

를 찾는 늑대에 비유된다. 이와 같은 표현은 백성들을 위해 책임을 다해야 할 정치 지도자들이 그 본연의 임무를 버리고 이기적인 탐식에 사로잡혀 있음을 시사해준다.

그러나 이스라엘의 문제는 정치적 지도자들만이 아니다. 종교적 지도자들 역시 그들의 책임을 다하지 못했다. 스바냐는 두 그룹의 종교 지도자들, 즉 선지자와 제사장에 대한 비난에 초점을 둔다. 먼저 선지자들은 경솔하며 간사한 자들로 묘사된다. 여기서 "경솔하다"로 번역된 동사 "파하즈"(פחז)는 거만하게 날뛰는 오만한 행위를 표현하는 말이다(3:4). 특히 이 단어는 개인의 이익을 취하려는 욕망에 사로잡힌 자를 묘사할 때 사용되기도 한다(창 49:4; 삿 9:4).

그렇다면 이 표현은 하나님의 소명을 버리고 개인의 이익을 도모하기 위해 거만히 행하는 선지자들의 죄악된 행동을 묘사해 주고 있는 것이다. 원래 "간사한 자"로 번역된 "보게도트"(בגדות)는 "반역자" 혹은 "배신자"의 의미를 지닌다. 그러나 이들은 신뢰를 받을 수 없는 자들이기에 거짓을 일삼는 간사한 자의 의미도 함축하고 있다. 선지자들의 메시지는 진실이 결핍되었기에 더 이상 백성들을 여호와의 말씀으로 인도하지 못한다. 제사장들은 성소를 더럽히고 율법을 범한다. 성소를 더럽히는 제사장들의 죄악상은 이미 사무엘 시대에 엘리 제사장의 아들들의 행위에서 드러난 바 있다(삼상 2:22). 또한 옛 제사장들은 성전에서 이교도의 의식을 행하기도 했다(왕하 23:4-20). 스바냐는 이 같은 제사장들의 죄악이 이 시대에도 자행되고 있었음을 알려준다. 특히 스바냐는 이 같은 죄악을 저지르기 위해 율법을 오용했음을 지적하고 있다. 백성들에게 율법을 가르쳐 주님의 길로 인도해야 할 제사장들은 도리어 율법해석의 권위를 이용하여 제사의 제물들을 착복하는 비리에 물들게 되었던 것 같다(호 4:4-8; 미 3:11).[13]

이와 같은 유다의 어두운 실상과는 달리, 스바냐는 여호와의 의로우심을 높이 강조하며 분위기를 반전시킨다. 비록 유다의 백성들과 지도자들은 불의를 행하는 열방의 백성들과 다를 바 없이 살아가지만, 여호와는 언제나 의로우시다. 그는 밤을 노리는 사악한 재판관들과는 달리, 매일 아침마다 의로운 판단을 행하신다. 아침마다 새로운 일을 행하시는 의로운 여호와의 성품은 예레미야애가 3:22-23을 연상시킨다.

> 여호와의 자비와 긍휼이 무궁하시므로 우리가 진멸되지 아니함이니이다 이것이 아침마다 새로우니 주의 성실이 크도소이다

B' 열방의 심판(3:6-8)

> 내가 열국을 끊어 버렸으므로 그 망대가 황무하였고 내가 그 거리를 비게 하여 지나는 자가 없게 하였으므로 그 모든 성읍이 황폐되며 사람이 없으며 거할 자가 없게 되었느니라 내가 이르기를 너는 오직 나를 경외하고 교훈을 받으라 그리하면 내가 형벌을 내리기로 정하기는 하였거니와 너의 거처가 끊어지지 아니하리라 하였으나 그들이 1) 부지런히 그 모든 행위를 더럽게 하였느니라 일찍이 일어나서 나 여호와가 말하노라 그러므로 내가 일어나 2) 벌할 날까지 너희는 나를 기다리라 내가 뜻을 정하고 나의 분한과 모든 진노를 쏟으려고 나라들을 소집하며 열국을 모으리라 온 땅이 나의 질투의 불에 소멸되리라

본 단락은 또 다시 열방에 대한 심판을 소개한다. 스미스의 관찰대로, 본 단락은 여섯 개의 논점을 제시한다.[14] 첫째 여호와는 출애굽과 가나

---

13. Kenneth L. Barker & Waylon Bailey, *Micah, Nahum, Habakkuk, Zephaniah*, NAC (Nashville: Broadman, 1999), 479.

14. R. L. Smith, *Micah-Malachi*, WBC (Waco: Word Books, 1984), 139-40.

안 정복을 통해 열방을 심판하신 과거의 일들(암 2:9; 미 6:5)을 회상시킨다. 둘째, 여호와는 예루살렘을 향해 자신을 경외할 것과 그의 가르침을 받아들일 것을 촉구한다. 셋째, 여호와는 자신을 경외하면 심판을 면할 수 있다는 희망도 제시한다. 넷째, 여호와는 이스라엘이 자신을 경외하기를 거부했음을 지적한다. 끝으로, 여호와는 유다를 심판하기 위해 열방을 불러 모으기로 결심한다(3:8). 그러므로 본 단락의 방향은 "심판당한 열방"(6절)에서 "심판 경고를 받는 예루살렘"(7절)로, 그리고 "심판을 위해 모여들 열방"(8절)으로 전개된다.

      A. 심판당한 열방(6절)
          B. 심판의 경고를 받는 예루살렘(7절)
      A'. 심판을 위해 모여들 열방(8절)

즉 스바냐는 이미 과거에 발생했던 열방의 심판 사건들을 연상시켜 현재의 예루살렘 백성들로 하여금 경고의 메시지를 전달하고 있으며, 만일 현재의 죄악에서 돌이키지 않는다면 열방의 백성들을 통해 심판하시는 하나님의 진노로부터 벗어날 수 없음을 강력하게 선포하고 있다.

A'. 회복의 주의 날(3:9-20)

그 때에 내가 열방의 입술을 깨끗케 하여 그들로 다 나 여호와의 이름을 부르며 일심으로 섬기게 하리니 내게 구하는 백성들 곧 내가 흩은 자의 딸이 구스 하수 건너편에서부터 예물을 가지고 와서 내게 드릴찌라 그 날에 네가 내게 범죄한 모든 행위를 인하여 수치를 당하지 아니할 것은 그 때에 내가 너의 중에서 교만하여 자랑하는 자를 제하여 너로 나의 성산에서 다시는 교만하지 않게 할 것임이라 내가 곤고하고 가난한 백성을 너의 중에 남겨 두리니 그들이 여호와의 이름을 의탁하여 보호를 받을찌라 이스라엘의 남은 자는 악을 행치 아니하며 거짓을 말하지 아니하며 입에 궤휼한 혀가 없으며 먹으며 누우나 놀라게 할 자가 없으리라 시온의 딸아 노래할찌어다 이스라엘아 기쁘게 부를찌어다 예루살렘 딸아 전심으로 기뻐하며 즐거워할찌어나 여호와가 너의 형벌을 제하였고 너의 원수를 쫓아내었으며 이스라엘 왕 여호와가 너의 중에 있으니 네가 다시는 화를 당할까 두려워하지 아니할 것이라 그 날에 사람이 예루살렘에게 이르기를 두려워하지 말라 시온아 네 손을 늘어뜨리지 말라 너의 하나님 여호와가 너의 가운데 계시니 그는 구원을 베푸실 전능자시라 그가 너로 인하여 기쁨을 이기지 못하여 하시며 너를 잠잠히 사랑하시며 너로 인하여 즐거이 부르며 기뻐하시리라 하리라 내가 대회로 인하여 근심하는 자를 모으리니 그들은 네게 속한 자라 너의 치욕이 그들에게 무거운 짐이 되었느니라 그 때에 내가 너를 괴롭게 하는 자를 다 벌하고 저는 자를 구원하며 쫓겨난 자를 모으며 온 세상에서 수욕 받는 자로 칭찬과 명성을 얻게 하리라 내가 그 때에 너희를 이끌고 그 때에 너희를 모을찌라 내가 3)너희 목전에서 너희 사로잡힘을 돌이킬 때에 너희로 천하 만민 중에서 명성과 칭찬을 얻게 하리라 나 여호와의 말이니라

대체로 학자들은 3:9-20을 3:9-13과 3:14-20로 나눈다. 그 이유는 3:14-20이 일종의 찬미시 혹은 노래의 형식을 취하며 3:9-20과의 차별성을 부각시키고 있기 때문이다. 그러나 3:9-13과 3:14-20이 모두 회복의 새 시대에 초점을 두기 때문에, "회복의 주의 날"이라는 주제에 의해 한 단락으로 연결될 수 있다. 또한 "그 날에"라는 표현이 3:11과 3:16에 동일하게 등장하기 때문에, 3:9-13과 3:14-20은 따로 분리하지 않는 것이 타당해 보인다. 이스라엘에 대한 여호와의 긍정적인 선언은 이 단락의 첫 서두(9절)부터 등장한다. 스바냐는 회복의 첫 출발점으로서 "입술"의 변화를 강조한다. 종말에 이루어질 회복의 시대에 여호와는 열방의 백성들의 입술을 깨끗케 하실 것이다. 분명 이 입술의 변화는 한 언어 즉 입술로 하나님을 대적했던 바벨탑 사건을 연상시킨다(창 11장).

즉 스바냐는 한 입술로 하나님을 대적하여 흩어졌던 열방의 백성들이 다시 한 입술로 회복될 것임을 강조하고 있다. 특히 개역성경에 "일심으로"라고 번역된 히브리어 "쉐켐 에하드"(שְׁכֶם אֶחָד)는 직역하면 "한 어깨로"라는 뜻을 지닌다. 다시 말해 서로 어깨동무를 하며 연합된 통일체를 이룬다는 것을 의미한다. 한 입술로 하나님을 대적하여 흩어졌던 열방의 백성들은 이제 한 입술로 다시 하나가 되어 하나님의 이름을 부르며 그 분을 경배할 것이다. 스바냐는 이 회복의 때에 흩어졌던 열방의 백성들이 다시 여호와께서 돌아올 것이라고 선언한다. 여기서 "흩어진 자들"은 과연 누구를 가리키는가? 흩어졌던 포로 백성들을 의미하는가 아니면 회심한 이방인들을 뜻하는가? 몇 몇 학자들은 이 단어가 흩어졌던 포로 백성들의 귀환을 뜻하며, 그러므로 이 단락은 포로기 후 시대에 속한다고 주장한다. 반면 어떤 이들은 창 11장과의 연관성을 고려해 볼 때 이 단어를 포로기의 이스라엘이 아닌, 종말에 여호와께로 돌아올 이방인들로 해석한다.

필자는 후자의 입장이 더욱 타당해 보인다. 3:9-20에 묘사된 "회복의 주의 날"을 1:2-2:3에 나타난 "심판의 주의 날"에 대한 대응(counter-balance)으로 이해한다면, 1:2-2:3이 우주적 심판을 전제하고 있기 때문에, 3:9-20은 국지적 회복이 아닌 종말론적 회복에 초점을 두고 있음이 분명하다. 이 회복의 날에는 교만한 자들이 제거되겠지만, "곤고하고 가난한 자들"은 살아남게 될 것이다. 이 표현은 교만을 버리고 겸손할 것을 촉구한 2:3을 연상시킨다.

여기서 스바냐는 오직 겸손한 자 즉 "남은 자"만이 여호와의 회복에 참여할 수 있음을 강조한다. 이스라엘이 부정한 입술로 악을 자행하여 하나님으로부터 심판을 당했다면, 남은 자들은 심판을 통해 정결케 되며, 온유하고 겸손한 입술로 하나님의 의를 나타낼 것이다. 끝으로 왕으로 도래하실 여호와의 구원의 날을 노래하는 3:14-20은 주의 날에 대한 기쁨의 절정을 이룬다. 특히 14-17절은 다음과 같은 주제적 반복으로 구성된다.[15]

> A. 시온의 즐거움(14절)
>   B. 구원을 행하시는 주님(15절 전반부)
>   C. 함께 거하시는 왕(15절 중반부)
>   D. 두려움이 없는 도성(15절 하반부-16절)
>   C'. 함께 거하시는 주님(17절 전반부)
>   B'. 구원을 행하시는 주님(17절 중반부)
> A'. 주님의 즐거움(17절 후반부)

스미스는 이 단락이 제왕시(시 47편, 95편, 97편)는 아니지만 구조와 표현 방식에 있어 다소 유사한 면들이 있다고 말한다.[16] 즉 노래하라는 명령, 대적에 대한 승리, 왕으로 도래할 여호와의 임재와 같은 요소들은 제왕 축제에 매우 두드러진 모티브들이다. 여하튼 스바냐는 시온의 백성들에게 노래할 것을 명령하며(14절), 여호와께서 왕으로 도래하여 대적을 섬멸할 것임을 선포하며(14절), 여호와께서 그들 가운데 거하심으로 결코 두려워할 필요가 없음을 확신하며(16절), 이스라엘을 향한 여호와의 사랑(17절)과 고통받았던 자들의 평안과 안전을 약속한다(18-20절). 심판은 지나갔다. 이제 남은 일은 하나님의 구원과 축복을 즐거워하는 것뿐이다. 구약에서 가장 끔찍한 심판의 언어로 시작한 스바냐는 이제 하나님의 가장 뜨거운 사랑의 언어로 마무리하고 있다.

너의 하나님 여호와가 너의 가운데 계시니 그는 구원을 베푸실 전능자시라

---

15. Alec Motyer, "Zephaniah," 956.
16. R. L. Smith, *Micah-Malachi*, 143-44.

그가 너로 인하여 기쁨을 이기지 못하여 하시며 너를 잠잠히 사랑하시며 너로 인하여 즐거이 부르며 기뻐하시리라 하리라(습 3:17)

현대인을 위한 메시지

죄의 심각성과 그 심판의 결과를 직시하라

스바냐의 메시지는 현대의 그리스도인들에게 매우 중요한 신학적 의미를 던져준다. 첫째 스바냐는 구원과 용서에 익숙해 있는 현대 그리스도인들에게 죄에 대한 심판의 심각성을 인식시켜준다. 현대의 교회들은 하나님의 무한하신 사랑과 한없는 구원의 은혜에 대해서는 적극적인 관심을 보이지만, 죄의 심각성과 그에 상응하는 심판의 필연성에 대해서는 그다지 큰 관심을 보이지 않는 듯하다. 예레미야가 예루살렘의 죄악과 그에 따른 심판의 위험을 예고했으나 다수의 백성들은 거짓 선지자들의 번영의 신학에 사로잡혀 심판의 심각성을 올바로 직시하지 못했다. 결국 심판의 참혹한 결과를 심각하게 받아들이지 못한 이스라엘은 예루살렘의 멸망과 바벨론 포로 생활로 이어지는 처절한 절망과 실패를 맛볼 수밖에 없었다. 그러므로 심판의 메시지가 사라져 간다는 것은 심판의 때가 다가옴을 의미한다. 오늘날 한국교회는 심판의 메시지를 담대하게 선포하고 있는가? 오히려 심판의 메시지를 낯설게 대하지는 않는가? 스바냐는 심판의 메시지에 둔감한 현대인들을 향해 죄의 심각성과 그 심판의 결과를 올바로 직시할 것을 강력하게 촉구하고 있다.

신실한 남은 자가 되라

스바냐는 하나님의 심판 가운데서도 신실한 백성들을 남겨 두시며,

그들이 구원의 회복에 참여할 것임을 약속하고 있다. 흥미롭게도 스바냐는 남은 자들을, "곤고하고 가난한 백성들"로 규정한다. 여기서 스바냐가 정의하는 남은 자들은, 자신의 죄를 올바로 직시하며 언제나 겸손한 마음으로 여호와만을 신뢰하며 의탁하는 자들이다. 이사야는 여호와 앞에서 입술의 부정함을 깨달은 후 자신의 죄악으로 인해 탄식한다. 그러나 여호와는 자신의 죄로 인해 애통해 하는 이사야를 하나님의 메신저로 부르신다. 하나님은 자신만만하던(?) 젊은 모세를 이스라엘의 지도자로 부르시지 않고 오히려 자신의 연약함으로 인해 절망하는 노년의 모세를 출애굽의 영도자로 부르신다. 예레미야는 자신을 어린아이라고 고백하며 하나님의 사역을 감당하기에 부족하다고 고백한다. 그러나 하나님은 예레미야를 열방을 위한 메신저로 파송하신다. 이처럼 자신의 부족함을 뼈저리게 절감하기에 오로지 여호와만을 전적으로 신뢰하는 자야말로 신실한 남은 자이다. 스바냐는 오늘 우리들에게 자신의 현 주소를 점검하고 애통해 하는 심령으로 다시 여호와를 찾는 신실한 남은 자가 되어야만 함을 일깨워 주고 있다.

항상 구원의 즐거움에 참여하라

스바냐는 3:14에서 "노래하라", "기뻐하라", "즐거워하라"는 명령형을 계속해서 사용한다. 하나님의 백성들에게 있어서 가장 고차원적인 기쁨은 바로 여호와의 구원을 노래하고 즐거워하는 것이다. 현대는 웰빙을 추구하는 시대이다. 현대인은 삶의 질과 건강을 궁극적 목표로 삼고 그 목표를 지향하고 있다. 더욱이 사람들은 마음을 즐겁게 하며 기쁘게 사는 것이 가장 건강한 웰빙의 방식이라고 말한다. 그러나 스바냐는 우리들에게 이와는 다른 고차원적인 웰빙에 대해 소개하고 있다. 스바냐는 자신의 건강을 위한 기쁨이 아닌, 이스라엘과 열방을 회복시키는 하나님 그 분 때문에 생겨난 기쁨을 강조한다. 특히 스바냐는 온 열방이 언약의 백성에 참여할 것을 미리 보여준 아브라함의 약속이 종말의 날에 성취될 것이며, 하나님의 구원의 축복으로 인해 기쁨이 충만할 것이라고 말한다. 이와 같은 스바냐의 메시지는 우리들에게 하나님의 구원의 축복을 찬미하는 고차원적 기쁨을 제시하고 있다. 요즘 성도들이 바치는 감사 헌금의 내용은 가끔 개인의 성공과 연결되어 있다. 물론 우리 개인의 사업 번창과 번영의 축복을 허락하신 하나님의 은혜를 감사로 보답하는 일은 매우 의미 있는 일이다. 그러나 우리의 감사의 내용들은 개인의 차원을 넘어 보다 고차원적 단계에 까지 나아갈 필요가 있다. 스바냐는 우리 개인의 성공과는 상관없이, 하나님의 구원에 참여함을 감사하며, 주의 나라가 이 땅에 이루어짐을 늘 즐거워하는 고차원적 기쁨을 누리는 자가 되어야 함을 인식시켜준다.

스가랴서의 주의 날

스가랴서는 주의 날의 모티브를 주요 주제로 삼고 있는 대표적인 본문이다. 특히 스가랴 14장은 스가랴서의 결론일 뿐만 아니라 주의 날의 주제를 집중적으로 조명하고 있다. 그러므로 우리는 스가랴 14장의 분석을 통해 주의 날의 의미를 관찰하며, 스가랴 14장에 등장하는 주의 날의 모티브들이 어떻게 적용될 수 있는가를 살펴볼 것이다.

스가랴서의 구조와 14장의 위치

필자는 스가랴서 전체 구조를 다음과 같이 네 단락으로 나눈다.

> 서 론(1:1-6)
> 제 1부(1:7-6:15)
> 제 2부(7:1-8:23)
> 제 3부(9:1-14:21)

흥미롭게도 제1부, 2부, 3부는 각각 동일한 표현 혹은 주제의 반복을 통해 특징적인 교차대구(chiasmus)를 이룬다.

제1부(1:7-6:15)

A. 다양한 색깔의 말들과 세상의 평온(1:7-17)
   B. 열방의 심판(1:18-21)
      C. 예루살렘 척량(2:1-13)
         D. 여호수아와 메시아 약속(3:1-10)

      D'. 스룹바벨과 메시아 약속(4:1-14)
     C'. 예루살렘 정화(5:1-4)
    B'. 바벨론에 대한 심판(5:5-11)
   A'. 다양한 색깔의 말들과 하나님의 평온(6:1-15)

제2부(7:1-8:23)

A. 벧엘 사람들의 예루살렘 방문(7:1-2)
  B. 금식에 관한 질문들(7:3-7)
    C. 공의 실현에 실패한 옛 조상들(7:8-10)
      D. 옛 조상들의 불순종과 하나님의 진노(7:11-14)
        E. 남은 백성들을 위한 회복(8:1-8)
        E'. 남은 백성들을 위한 축복(8:9-13)
      D'. 두려워할 필요 없는 하나님의 진노(8:14-15)
    C'. 공의 실현을 촉구 받는 현 세대들(8:16-17)
  B'. 금식에 관한 응답(8:18-19)
A'. 열방의 예루살렘 방문(8:20-23)

제3부(9:1-14:21)

제1단락(9-11장)
A. 열방의 심판(9:1-8)
  B. 왕의 도래(9:9-17)
  B. 왕의 다스림(10:1-12)
A. 목자의 심판(11:1-17)

제2단락(12-14장)
A. 열방의 심판과 예루살렘의 회복(12:1-9)
  B. 찔림 당한 자를 위한 애통(12:10-14)
    C. 예루살렘의 정결(13:1-6)
  B'. 목자의 고난(13:7-9)
A'. 열방의 심판과 예루살렘의 회복(14장)

여기서 우리는 스가랴 14장이 종말의 심판과 회복에 초점을 두고 있음을 발견할 수 있으며, 이는 12-14장의 결론뿐만 아니라 스가랴서 전체의 결론으로 작용하고 있음도 쉽게 파악할 수 있다. 제1부에서 소개되는 8개의 환상은 포로 귀환 공동체의 회복에 초점을 두고 있시만, 제2부는 포로 귀환 공동체의 심각한 문제를 강조함으로써 제1부의 회복이 아직 성취되지 못했음을 암시해 준다. 그러나 제3부는 이스라엘을 향한 궁극적인 회복을 묘사하고 있으며 특히 14장은 그 회복의 절정을 보여준다. 그러므로 14장은 제3부의 결론일 뿐만 아니라 스가랴서 전체의 결론으로 작용하고 있음을 확인할 수 있다.

스가랴 14장의 구조

앞서 언급했듯이 대체로 학자들은 스가랴 14장을 9-14장의 결론뿐만 아니라 스가랴 전체의 결론적 단락으로 취급한다. 14장은 "그 날에"라는 종말론적 표현을 9회에 걸쳐 집중적으로 사용하며, 온 열방이 예루살렘에 참여하는 초민족적 예배 공동체를 극적인 방식으로 묘사하고 있다. 그러나 14장의 구조에 대해서는 학자들마다 견해가 다양하다.[17] 대체로 학자들은 14장이 종말론적 전투와 새 창조를 암시하는 1-8절과 왕의 도래에 초점을 두는 9-21절로 크게 구분될 수 있다고 본다. 그러나 필자는 스가랴 14장을 여호와의 전투에 초점을 두는 14:1-15과 열방의 장막절 준수를 강조하는 14:16-21로 구분하고자 한다.

---

17. 14장의 세부 구조 분석에 대한 다양한 견해를 살펴보려면, David L. Petersen, *Zechariah 9-14 and Malachi*, OTL (Louisville: Westminster John Knox Press, 1995), 137-139를 보라.

14:1-15 예루살렘에서의 전투[18]
    A (1-3절) 심판과 여호와의 간섭
        B (4-5절) 지리적인 격변들
            C (6-9절) 이상적인 조건들: 여호와는 왕이다
        B' (10-11절) 지리적인 격변들
    A' (12-15절) 심판과 여호와의 간섭
14:16-21 열방의 순례여행과 초막절 준수

스가랴 14장 분석

예루살렘에서의 전투(14:1-15)

A. 심판과 여호와의 간섭(14:1-3)

여호와의 날이 이르리라 그 날에 네 재물이 약탈되어 너의 중에서 나누이리라 내가 열국을 모아 예루살렘과 싸우게 하리니 성읍이 함락되며 가옥이 약탈되며 부녀가 욕을 보며 성읍 백성이 절반이나 사로잡혀 가려니와 남은 백성은 성읍에서 끊쳐지지 아니하리라 그 때에 여호와께서 나가사 그 열국을 치시되 이왕 전쟁 날에 싸운것 같이 하시리라

"보라 주의 날이 도래할 것이다"는 종말론적인 표현으로 시작하는 14:1-3은 "거룩한 전투"(the Holy War)를 연상시켜주는 단어들을 사용하여 외부의 공격에 노출된 예루살렘의 형편을 묘사해 주고 있다. 예를 들면, '약탈물'(שָׁלָל), '나뉨'(חָלַק), '전투'(מִלְחָמָה), '사로잡힘'(לָכַד), '끊어짐'(כָּרַת)과 같은 표현들은 전투적 이미지를 강하게 반영해 준다. 즉,

---

18. 마크 버터워스, "스가랴", 「IVP 성경주석: 구약」(서울: IVP, 2005), 1208-9.

본문은 예루살렘이 약탈과 사로잡힘과 끊어짐의 대상이 될 것이라고 말한다. 이것은 여호와께서 예루살렘에 대해 불 성곽이 될 것이라는 스가랴 2:4-5의 약속과 극명한 대조를 보여준다. 그럼에도 불구하고 본문은 예루살렘의 재난이 궁극적으로 열방의 심판과 새로운 구원의 시대를 열어준다고 강조한다. 다시 말해, 이 고난은 여호와의 승리와 구원을 위해 선행되어야 할 필연적인 과정이 된다. 우리는 이와 같은 하나님의 백성들의 대환란에 대한 유사한 사상들을 다른 선지서 본문들에서 발견할 수 있다. 아모스는 멸망을 선포하면서도 뒤이어 남은 자의 생존과 무너진 다윗 장막의 재건 즉 다윗 왕국의 부활을 예고한다(암 9:8-15). 요엘 역시 멸망의 날 이후에 나타날 하나님의 구원을 깨닫고 있다(욜 1:15-2:11). 이사야도 시온이 연단을 받은 후 그 결과 높임을 받으며 여호와의 주권을 인정하게 될 것임을 선포한다(사 1:24-31; 2:2-4). 미가도 여호와께서 고난 당한 그의 백성들을 불러모을 것이며, 장차 우주적 왕권을 수립하실 것임을 약속한다(미 4:6-8). 특히 스가랴 14:1-3에 묘사되는 하나님의 백성들의 환란은 잘 알려진 다니엘 12:1에 언급된 종말의 대 환란을 연상시킨다.[19] 여호와의 날은 반드시 도래할 것이며, 그의 우주적인 왕권은 온 땅 위에 수립될 것이다. 그러나 하나님의 백성들의 연단과 환란의 때가 선행될 것이다. 이사야 13:16에 묘사된 예루살렘의 멸망처럼, 하나님의 도성은 사로잡힐 것이며, 도성의 거민들은 그 소유를 잃을 것이며, 여인들은 수치를 당하게 될 것이다. 오직 남은 자들만 살아남을 것이다. 그러나 14:3은 예루살렘을 공격한 열방에 대한 여호와의 전투를

---

19. "그 때에 네 민족을 호위하는 대군 미가엘이 일어날 것이요 또 환난이 있으리니 이는 개국 이래로 그 때까지 없던 환난일 것이며 그 때에 네 백성 중 무릇 책에 기록된 모든 자가 구원을 얻을 것이라 땅의 티끌 가운데서 자는 자 중에 많이 깨어 영생을 얻는 자도 있겠고"(단 21:1).

묘사하고 있다.

B. 지리적인 격변들(14:4-5)

그 날에 그의 발이 예루살렘 앞 곧 동편 감람산에 서실 것이요 감람산은 그 한가운데가 동서로 갈라져 매우 큰 골짜기가 되어서 산 절반은 북으로, 절반은 남으로 옮기고 그 산 골짜기는 아셀까지 미칠찌라 너희가 그의 산 골짜기로 도망하되 유다 왕 웃시야 때에 지진을 피하여 도망하던 것 같이 하리라 나의 하나님 여호와께서 임하실 것이요 모든 거룩한 자가 주와 함께하리라

흥미롭게도 14:4-5에서 여호와의 강림은 지리적인 격변들을 동반한 전형적인 신현론적 표현(a theophany)으로 묘사되고 있다. 주로 구약에 등장하는 여호와의 현현은 종종 산들을 그 배경으로 삼고 있다(출 19:18; 신 33:1-5; 시 50:2-3). 흥미롭게도 본문에 등장하는 여호와도 옛적 원수들을 물리치듯이 대적을 멸하기 위해 감람 산에 강림하실 것이다. 이 "감람 산"(הַזֵּיתִים הַר)이란 단어는 구약에서 오직 이 곳에서만 언급되고 있다. 이 곳은 예루살렘의 기드론 골짜기 건너편의 한 산 언덕으로서 에스겔 11:13에 언급된 예루살렘 동편의 산을 연상시킨다.

여호와의 영광이 성읍 중에서부터 올라가서 성읍 동편 산에 머물고

에스겔은 그룹들이 예루살렘을 떠나 예루살렘 동편의 산 위에 머무는 것을 본다. 추측컨대 하나님의 영광이 머물렀던 이 예루살렘 동편의 산이 스가랴의 언급하는 감람 산과 동일한 장소일 수도 있다.[20] 하나님께

---

20. 더욱이 에스겔은 이 동편의 산과 우상숭배의 죄악을 연결시키고 있는 듯 하다(겔 8:5-18). 실제로 이스라엘 역사상 수많은 우상 숭배의 죄악들은 대개 예루살렘 동

서 이 감람산에 강림하실 때 놀라운 일이 벌어질 것이다. 남과 북으로 뻗은 산이 동과 서로 나누어져 골짜기가 생기며, 이 골짜기는 아셀에까지 이를 것이다. "아셀"(אָצַל)이라는 지명은 구약에서 오직 이 곳에만 등장한다. 이 지명에 대해 다양한 견해들이 제시되어 왔다.21 ① 어떤 이들은 이 단어를 고유명사에서 일반명사로 수정시킨다. 예를 들면, "그 동편"(the side of it)이라는 표현으로 수정시킨다.22 ② 어떤 학자들은 이 곳을, "벧에셀"(미 1:11)로 해석한다. ③ 한편 이 지명은 기드론의 지류인 와디 야소울(Wadi Yasoul)로 이해되곤 한다. 이 지명이 고유명사로 해석되든 혹은 일반명사로 해석되든 간에, 분명한 것은 지진의 범위가 동쪽으로까지 확대되고 있다는 점이다.

특히 산이 나누어져 골짜기가 생겨나는 이 사건은 그 옛날 홍해를 가르며(출 14-15장), 요단강을 멈추어 서게 하신 여호와(수 3장)의 사역을 연상시켜준다. 예루살렘의 백성들은 웃시야 왕 때 발생한 지진23과 같은 재난이 발생할 때 동편에 있는 이 산 골짜기로 도피하게 될 것이다.24 역사적으로 볼 때, 다윗과 시드기야의 경우처럼 예루살렘 동편은 재빨리 피난할 수 있는 곳이었다(삼하 15:16, 23, 30; 왕하 25:4). 한편 이 지진으로 발생한 골짜기는 왕이신 여호와께서 예루살렘 귀환하는 길을 마련해 줄

쪽에서 자행된 바 있다(왕상 11:7; 왕하 23:13).

    21. Mark J. Boda, *Haggai, Zechariah*, The NIV Application Commentary (Grand Rapids: Zondervan, 2004), 524.

    22. RSV 역본과 J. Baldwin, M. A. Sweeney와 같은 이들이 이런 해석을 취하고 있다.

    23. 웃시야 시대의 지진은 암 1:1에 언급된 지진을 가리키는 듯 하다.

    24. NIV와 NIB 역본은 70인역에 따라 נִסְתַּם을 "(my mountain valley) will be blocked up", 즉 "(나의 산 골짜기)가 멈추어 설 것이다"로 번역한다. 그러나 NKJV과 NRSV의 입장처럼 이 단어는 "you will flee" 즉 "너희들은 도피할 것이다"로 번역하는 것이 더 적절하다.

것이다. 여호와께서 승리의 왕으로서 예루살렘으로 귀환하실 때, 모든 거룩한 자들이 예루살렘과 함께 할 것이다. 한글 개역 성경은 모든 거룩한 자들이 "주"와 함께 할 것이라고 번역하지만, 원문에는 3인칭 단수가 아닌, 2인칭 여성 단수형(עִמָּךְ)으로 소개되기 때문에, "주"가 아닌 "너"로 번역하는 것이 타당하다. 아마도 "너"는 예루살렘을 가리키는 듯하다. "거룩한 자들"로 번역된 히브리어 "케도쉼"(קְדֹשִׁים)은 여호와의 천사들을 가리킬 때 사용되며, 특히 여호와의 전투를 수행하는 천상의 군대들을 의미할 수도 있다(시 89:5, 7).[25] 그러므로 본문은 지진으로 도피했던 예루살렘의 남은 자들이 왕이신 여호와와 함께 다시 예루살렘으로 귀환할 것이며, 여호와의 천상 군대들이 그들을 보호해 줄 것임을 시사하고 있다.

C. 이상적인 조건들: 여호와는 왕이시다(14:6-9)

그 날에는 빛이 없겠고 광명한 자들이 떠날 것이라 여호와의 아시는 한 날이 있으리니 낮도 아니요 밤도 아니라 어두워 갈 때에 빛이 있으리로다 그 날에 생수가 예루살렘에서 솟아나서 절반은 동해로, 절반은 서해로 흐를 것이라 여름에도 겨울에도 그러하리라 여호와께서 천하의 왕이 되시리니 그 날에는 여호와께서 홀로 하나이실 것이요 그 이름이 홀로 하나이실 것이며

이제 본문은 종말에 나타날 새 예루살렘의 회복으로 관심을 방향을 돌린다. 먼저 6절은 전형적인 주의 날의 특징을 반영해 준다. 즉, 본문은 주의 날이 임할 때 빛이 사라질 것이라고 말한다.[26] 빛의 부재는 창

---

25. Mark J. Boda와 같은 학자는 "거룩한 자들"을 "남은 자"로 해석하지만, 오히려 이 단어를 여호와의 천상 군대들로 보는 것이 더 적절해 보인다.
26. 맛소라 본문에서 6절에 등장하는 동사 "카파"(קָפָא)와 "야카르"(יָקַר)의 명

조의 반전을 이루며(창 1:1-5), 앞서 소개된 여호와의 심판의 날의 이미지를 반영해 준다. 예를 들면, 심판의 날을 빛이 없는 날로 간주하는 아모스는 다음과 같이 말한다.

> 화 있을진저 여호와의 날을 사모하는 자여 너희가 어찌하여 여호와의 날을 사모하느뇨 그 날은 어두움이요 빛이 아니라(암 5:18)

이사야 역시 주의 날을 빛이 없는 날로 묘사하고 있다.

> 여호와의 날 곧 잔혹히 분냄과 맹렬히 노하는 날이 임하여 땅을 황무케 하며 그 중에서 죄인을 멸하리니 하늘의 별들과 별 떨기가 그 빛을 내지 아니하며 해가 돋아도 어두우며 달이 그 빛을 비취지 아니할 것이로다(사 13:9-10)

또한 요엘도 어둠의 날에 대해 많은 부분을 할애하고 있다(욜 2:2; 10; 31; 3:15). 이처럼 스가랴는 여호와의 날이 도래할 때, 빛이 사라지며 그 결과로 온기가 없는 세상이 될 것임을 예고한다.27 하지만 본문은 곧바로 새로운 빛의 날의 출현을 예고한다(7절). 흥미롭게도 본문은 옛 창조의 낮과 밤의 주기와는 다른, 새로운 창조 개념을 소개한다. 즉 여호와께서 창조하실 새 날은 밤이 없고 빛만 비추는 날이 될 것이다. 이것은 낮과 밤으로 특징지어지는 옛 창조 형태와는 다른, 여호와께서 이루실 새 창조의 이미지를 반영해 준다. 이와 같은 새 창조의 이미지는 이사야 60:19-20의 표현을 연상시킨다.

사형은 각각 남성과 여성으로 다른 성을 취하기 때문에 성의 일치를 보이지 못한다. 그래서 맛소라 본문은 "카파"(NDP)의 남성 동사형을 여성 명사형으로 바꾼 케레의 방식도 함께 소개하고 있다.

27. 개역성경의 "광명한 자들이 떠날 것이다"는 표현은 적절치 않으며, 오히려 "광명한 것들이 사라질 것이다"로 해석하는 것이 더 바람직하다.

다시는 낮에 해가 네 빛이 되지 아니하며 달도 네게 빛을 비취지 않을 것이요 오직 여호와가 네게 영영한 빛이 되며 네 하나님이 네 영광이 되리니 다시는 네 해가 지지 아니하며 네 달이 물러가지 아니할 것은 여호와가 네 영영한 빛이 되고 네 슬픔의 날이 마칠 것임이라

요한 역시 새 창조의 이미지를 묘사할 때 이와 유사한 방식을 사용한다.

성안에 성전을 내가 보지 못하였으니 이는 주 하나님 곧 전능하신 이와 및 어린 양이 그 성전이심이라 그 성은 해나 달의 비췸이 쓸데 없으니 이는 하나님의 영광이 비취고 어린 양이 그 등이 되심이라 만국이 그 빛 가운데 다니고 땅의 왕들이 자기 영광을 가지고 그리로 들어오리라 성문들을 낮에 도무지 닫지 아니하리니 거기는 밤이 없음이라(계 21:22-25)

나아가 본문은 새 창조의 또 다른 이미지를 제시한다. 8절에서 예루살렘은 생수의 근원지로 묘사되고 있다. 이 생수의 이미지는 에스겔 47:1-20, 요엘 3:18 혹은 창세기 2:10-14과 연관이 있는 듯 하다. 예루살렘에 흘러나오는 강물은 동쪽과 서쪽으로 흘러 들어 갈 것이다. 역사적으로 볼 때, 예루살렘 아래의 기드론 골짜기에 있었던 기혼의 수돗가는 예루살렘 도성의 식수를 제공해 주었던 것 같다(왕하 20:20). 그래서 히스기야는 기혼의 물을 성벽 안으로 끌어들이기 위해 터널을 건축했으나 그것만으로는 충분치 못했던 것 같다. 더욱이 적들이 예루살렘을 침략할 때마다 그들은 예루살렘의 식수원을 차단하기 위해 이 곳을 집중적으로 공격했던 것 같다. 실제로 아람-북 이스라엘 동맹군의 침략에 직면했던 아하스 왕이 이사야를 만났던 곳은 바로 수돗가였다(사 7장). 아마도 아하스 왕은 침략에 대비하여 식수를 점검하고 있었던 것 같다. 하

지만 본문은 예루살렘 안에서 생겨난 생수가 예루살렘 뿐만 아니라 그 밖의 지역, 즉 동편의 사해와 서편의 지중해 연안으로 흘러 내려 갈 것이라 말한다. 이것은 예루살렘이 하나님께서 채워주시는 궁극적인 필요와 공급의 원천이 될 것임을 상징해 주고 있다.

또한 본문은 다른 본문들과는 달리, 이 예루살렘의 물줄기가 계절과 상관 없이 흘러 넘칠 것이라고 말한다. 아마도 이스라엘의 강 혹은 물줄기는 뜨거운 여름의 계절이 오면 마르거나 줄어들었을 것이다. 그러므로 이스라엘의 농경 사회는 메마른 여름이 지나고 비가 오는 우기 때에 풍성한 결실과 수확을 거둘 수 있었을 것이다. 그렇다면 계절의 변화와 상관없이 물이 계속해서 공급된다는 것은 이스라엘의 번영과 축복의 영속성을 상징해 준다.

여호와의 승리의 귀환이 이루어질 때, 그 다음 어떤 결과들이 나타나는가? (1) 여호와는 온 땅의 왕으로, 그리고 홀로 한 분 하나님으로 높임을 받으실 것이다. 여호와께서 온 땅의 왕이 될 것이라는 스가랴의 선포는 여호와의 왕권을 강조하는 시편의 노래들을 연상시킨다. 예를 들면 시편 93편, 96편, 97편 99편과 같은 본문들은 여호와의 통치와 그의 왕권을 찬양하고 있다. 특히 시편 47:8-9은 여호와를 왕으로 묘사한다.

> 찬양하라 하나님을 찬양하라 찬양하라 우리 왕을 찬양하라
> 하나님은 온 땅에 왕이심이라 지혜의 시로 찬양할지어다
> 하나님이 열방을 치리하시며 하나님이 그 거룩한 보좌에 앉으셨도다(시 47:6-8)

또한 여호와를 한 분 하나님으로 강조하는 스가랴의 선언은 잘 알려진 신명기 6:4-5의 쉐마를 연상시킨다.

이스라엘아 들으라 우리 하나님 여호와는 오직 하나인 여호와시니 너는 마음을 다하고 성품을 다하고 힘을 다하여 네 하나님 여호와를 사랑하라

그렇다면 이와 같은 여호와의 우주적인 통치와 왕권은 다윗 왕조의 회복을 거부하는 것인가? 피터센은 본문의 저자가 페르시아의 통치 아래에서 이방 신과 이방 통치자의 영향을 받던 이스라엘 사람들에게 오직 여호와만이 우주의 주관자이심을 강조하고 있다고 말한다. 그러므로 그는 본문이 유다 왕조의 회복을 철저하게 거부하고 있다고 주장한다.[28] 그러나 여호와의 우주적 통치와 다윗 왕조의 회복은 서로 모순적이지 않으며, 새 창조의 다양한 관점으로 이해되는 것이 바람직하다. 여호와께서 다시 왕으로 다스릴 새 창조의 시대가 도래하면, 그의 통치를 수행할 새로운 다윗 왕이 도래할 것이다(사 11장).

B'. 지리적인 격변들(14:10-11)

온 땅이 아라바 같이 되되 게바에서 예루살렘 남편 림몬까지 미칠 것이며 예루살렘이 높이 들려 그 본처에 있으리니 베냐민 문에서부터 첫문 자리와 성 모퉁이 문까지 또 하나넬 망대에서부터 왕의 포도주 짜는 곳까지라 사람이 그 가운데 거하며 다시는 저주가 있지 아니하리니 예루살렘이 안연히 서리로다

10절은 우주적인 격변을 더욱 구체적으로 묘사해준다. 게바에서 림몬에 이르는 온 땅이 아라바처럼 낮아질 것이다. "아라바"(הָעֲרָבָה)는 갈릴리 바다에서 홍해까지 뻗어 있는 단층 계곡을 뜻하는 말(신 3:17; 왕하

---

28. David L. Petersen, *Zechariah 9-14 & Malachi*, 148-149.

14:25)로서, 주변 땅보다는 낮고 평평하여 대개 "평지"라는 의미를 함축하고 있다. 게바라는 지역은 예루살렘에서 북쪽으로 6마일 떨어진 곳으로서 유다의 북방 경계지역이었으며(왕상 15:22), 림몬은 예루살렘 남서 방향으로 35마일 떨어진 곳으로서 유다의 남방 경계지역이었다(수 15:32; 19:7). 그러므로 본문은 유다의 온 땅이 평지로 변화될 것임을 강조하고 있다. 유다의 온 땅이 낮아지는 반면, 예루살렘은 높이 솟아 오를 것이다. 베냐민의 문, 첫 문, 모퉁이 문, 하나넬 망대 그리고 왕의 포도주 짜는 곳은 8세기 예루살렘 도성의 범위를 알려주는 중요한 장소였다(렘 20:2; 31:38; 39:4). 아마도 두 문들과 망대는 북쪽, 그리고 왕의 포도주 짜는 곳은 남쪽에 위치하여 전체 예루살렘의 규모를 알려주었다.

이와 같은 예루살렘의 높아짐은 이사야 2:2-4에 묘사된 시온의 종말론적 사상과 밀접하게 연결되어 있다. 그렇다면 본문은 예루살렘이 온 유다 땅에서 높이 들리움을 받을 것이며, 여호와의 우주적 통치의 중심지가 될 것임을 나타내 준다. 예루살렘이 우주적 왕권의 중심지가 되어 존귀함을 얻을 때, 더 이상 심판의 대상이 되지 않을 것이다(10절).

개역성경에서 "저주"로 번역된 "헤렘"(חֵרֶם)은 "멸망" 혹은 "심판"의 의미가 더 강하다. 이 헤렘은 하나님이 보시기에 가증한 행위에 대한 그의 심판을 의미한다. 이런 관점에서 볼 때, 여호수아의 가나안 정복은 우상 숭배로 타락한 가나안 백성들에 대한 하나님의 심판 즉 헤렘으로 볼 수 있는 것이다(수 6:17-18). 그러나 이 헤렘의 대상은 가나안 뿐만 아니라 이스라엘에게도 해당된다. 이스라엘 백성들이 우상 숭배를 하여 하나님 앞에 가증스런 죄악을 범할 때, 하나님은 그들에게도 이와 같은 심판을 행하신다. 그러나 본문은 새롭게 회복될 예루살렘에는 그와 같은 죄악이 더 이상 존재하지 않기 때문에 여호와의 헤렘이 필요치 않음을 말해준다. 또한 이스라엘을 위협하던 열방의 침략도 더 이상 발생하지 않을 것이며, 예루살렘의 안전이 확실히 보장될 것이다. 역사상 이스라엘은 항상 여호와를 의지하기보다는 외교적 정치적 수단을 통해 열방의 침략을 극복하려 했다. 그러나 그들의 외교 정책은 궁극적으로 실패로 끝났으며, 결국 참담한 결과를 맞이하고 말았다. 그렇지만 회복될 새 예루살렘은 더 이상 외교 정책으로 생존을 연명하는 도시가 되지 않을 것이다. 오히려 새 예루살렘은 여호와께서 친히 왕으로 임재하시는 곳이 될 것이며, 온 열방으로부터 공격을 당하는 곳이 아닌, 온 열방을 다스리는 우주적 통치의 중심지가 될 것이다.

A'. 심판과 여호와의 간섭(14:12-15)

예루살렘을 친 모든 백성에게 여호와께서 내리실 재앙이 이러하니 곧 섰을 때에 그 살이 썩으며 그 눈이 구멍 속에서 썩으며 그 혀가 입속에서 썩을 것이요 그 날에 여호와께서 그들로 크게 요란케 하시리니 피차 손으로 붙잡으며 피차 손을 들어 칠 것이며 유다도 예루살렘에서 싸우리니 이 때에 사면에 있는 열국의 보화 곧 금 은과 의복이 심히 많이 모여질 것이요 또 말과 노새와 약대와 나귀와 그 진에 있는 모든 육축에게 미칠 재앙도 그 재앙과 같으리라

14:12-15은 열방에게 임할 여호와의 심판을 집중적으로 묘사하고 있다.

(1) 첫째, 열방의 민족들은 전염병으로 고통 받을 것이다. 개역성경에서 "재앙"으로 번역된 히브리어 "마게파"(מַגֵּפָה)는 주로 전염병을 가리키는 말이다. 이런 전염병의 심판은 언약의 저주 조항에 언급되고 있으며(신 28장), 애굽에 내린 재앙들 가운데 하나로 나타나고 있다(출 7-11장). 또한 전염병 혹은 역병을 뜻하는 단어 "마게파"(מַגֵּפָה)는 블레셋에

임한 재앙을 나타낼 때 사용되며(삼상 6:4), 다윗이 인구조사로 범죄하여 그 대가로 선택했던 재앙을 가리키는 말로도 사용된다(삼하 24:21, 25). 그리고 이 단어는 창자가 빠져 나오는 질병을 뜻할 때도 있다(대하 21:14-15). 그러므로 본문에 언급된 이 단어는 무서운 질병을 가리키는 표현이라고 할 수 있다. 살과 눈과 혀가 썩는 이 질병에 대한 묘사는 출애굽의 재앙에서 나타나듯이 여호와께서 바로 왕이 다스렸던 애굽을 포함한, 모든 열방을 다스리는 분이시며, 우주의 주관자이심을 보여준다. 특히 "썩다"라는 동사 "마카프"(מָקַק)가 세 번씩이 반복해서 사용되고 있음은 질병의 심각성을 강조해준다.

(2) 예루살렘을 쳐들어온 이방 족속들은 혼란에 빠져 서로를 공격하게 될 것이다. 이러한 현상은 기드온의 삼백명의 용사들이 나팔을 불자 미디안 군사들은 서로 놀라 자기들 까지 칼날로 싸움을 하고 말았던 기드온의 전투를 연상시킨다(삿 7:19-25). 또한 법궤와 함께 전쟁에 임했던 사울과 그 군대들도 이와 동일한 현상을 경험한다.

> 사울이 아히야에게 이르되 하나님의 궤를 이리로 가져 오라 하니 그 때에 하나님의 궤가 이스라엘 자손과 함께 있음이라 사울이 제사장에게 말할 때에 블레셋 사람의 진에 소동이 점점 더한지라 사울이 제사장에게 이르되 네 손을 거두라 하고 사울과 그와 함께 한 모든 백성이 모여 전장에 가서 본즉 블레셋 사람이 각각 칼로 그 동무를 치므로 크게 혼란하였더라'(삼상 14:18-20)

이처럼 예루살렘을 공격하는 이방 족속들을 향해, 여호와는 질병과 혼란을 통해 그들을 철저하게 응징하실 것이다.

---

29. 14절의 בִּירוּשָׁלִַם을 "예루살렘을 대항하여"로 해석해야 하는가 아니면 "예루살렘에서" 혹은 "예루살렘 안에서"로 해석해야 하는가 하는 문제는 학자들의 주요 논

(3) 나아가 유다도 이 전투에 참여할 것이며,[29] 그 결과로서 전투의 약탈물들이 거두어 모아 질 것이다. 14:1에서 하나님의 백성들의 재물들은 대적들에 의해 약탈되어 나누어졌으나, 본문은 그 반전을 보여준다. 이제 하나님의 백성들이 대적의 약탈물을 취하게 될 것이다. 특히 말, 노새, 약대와 진영에 있는 모든 가축들도 재앙을 당할 것이다. 말, 노새, 약대와 같은 짐승들은 고대의 운송 수단으로서 매우 중요한 역할을 하였다. 이 짐승들이 재앙을 당한다는 것은 군대들의 도피가 불가능함을 암시해준다.[30] 여호와의 심판으로부터 벗어날 자는 아무도 없을 것이다.

열방의 순례여행과 초막절 준수(14:16-21)

예루살렘을 치러 왔던 열국 중에 남은 자가 해마다 올라와서 그 왕 만군의 여호와께 숭배하며 초막절을 지킬 것이라 천하 만국 중에 그 왕 만군의 여호와께 숭배하러 예루살렘에 올라오지 아니하는 자에게는 비를 내리지 아니하실 것인즉 만일 애굽 족속이 올라오지 아니할 때에는 창일함이 있지 아니하리니 여호와께서 초막절을 지키러 올라오지 아니하는 열국 사람을 치시는 재앙을 그에게 내리실 것이라 애굽 사람이나 열국 사람이나 초막절을 지키러 올라오지 아니하는 자의 받을 벌이 이러하니라 그 날에는 말 방울에까지 여호와께 성결이라 기록될 것이라 여호와의 전에 모든 솥이 제단 앞 주발과 다름이 없을 것이니 예루살렘과 유다의 모든 솥이 만군의 여호와의 성물이 될 것인즉 제사드리는 자가 와서 이 솥을 취하여 그 가운데 고기를 삶으리라 그 날에는 만군의 여호와의 전에 가나안 사람이 다시 있지 아니하리라

의 대상이 되어왔다. Marvin A. Sweeney나 David L. Petersen과 같은 학자들은 전자의 입장을 취하는 반면, Joyce G. Baldwin이나 Thomas E. McComiskey와 같은 학자들은 후자의 견해를 위한다. 문맥상 유다와 예루살렘이 적대적인 관계로 나타나지 않기 때문에, 전자의 입장보다는 후자의 입장을 취하는 것이 더 적절해 보인다.

30. J. G. Baldwin, *Haggai, Zechariah and Malachi*, TOTC (Donwers Grove, Ill: InterVarsity Press, 1972), 205.

예루살렘을 공격한 열방들은 여호와의 심판으로 패배할 것이며, 이 심판에서 살아남은 열방의 족속들은 여호와를 경배하는 자들과 여호와를 찾지 않는 두 부류의 그룹으로 분리될 것이다. 전자는 돌이켜 예루살렘으로 올라가 여호와를 경배하기 위해 초막절에 참여할 것이다. 초막절은 애굽에서 구출해 주실 뿐만 아니라 그의 백성들에게 풍성한 수확으로 채워주신 여호와께 감사 드리는 절기이다(신 16:13-17).

다시 말해, 초막절은 여호와를 구속자요 창조자로서 경축하는 매우 중요한 신앙 고백적 절기라고 할 수 있다. 종말의 그 날에, 열방의 백성들은 여호와를 왕으로 송축하며 그를 한 분 하나님으로 섬기게 될 것이다. 반면, 여호와를 찾지 않는 자들은 비의 결핍으로 인해 수확을 거두지 못할 것이다. 특히 나일 강을 의지함으로써 비의 유무에 큰 영향을 받지 않았던 애굽 사람들은 재앙으로 고통 받게 될 것이다. 여기서 애굽의 재앙이 다시 언급되고 있음은 그 옛날 출애굽의 사건을 다시 회상시켜주며, 출애굽의 구원을 기념하는 초막절의 중요성을 일깨워 주고 있는 듯 하다.[31]

더욱이 본문은 초막절의 참여 대상 뿐만 아니라, 기존의 거룩의 대상 범위를 더욱 확대시켜 나간다. (1) 말 방울에 "여호와께 성결"이라는 문구가 새겨질 것이다. 원래 "여호와께 성결"(קֹדֶשׁ לַיהוָה)이라는 말은 대 제사장의 관에 새겨져 있었다(출 39:28-30). 이것은 대 제사장이 이스라엘 백성들 가운데 특별히 구별된 자였고, 거룩한 신분으로 인식되었음을 반영해 준다. 그러나 이 문구가 부정한 짐승으로 여겨졌던 말(레

---

31. Ben C. Ollenburger, "Zechariah," in *The New Interpreter's Bible*, (ed.) Leander E. Keck (Nashville: Abingdom, 1996), 839.

11:1-8)의 장식구에 기록될 것이라는 말은 거룩의 범위가 특별한 대상에게만 제한되지 않을 것이며,, 오히려 과거에 부정하게 여겨졌던 모든 것들에게로 확대될 것임을 의미한다. 과거의 부정한 것들이 이제는 정결한 것들로 인정받게 될 것이다.

(2) 솥과 같은 일반 요리 기구들이 성전의 구별된 거룩한 기구들과 동일하게 거룩한 것으로 인식될 것이다. 원래 제사의 희생 제물들은 성전에서 정해진 그릇에 삶겨져야 했다. 예를 들면 레위기 6:24-30은 고기 삶는 그릇 사용의 규정을 잘 제시하고 있다.

> 여호와께서 모세에게 일러 가라사대 아론과 그 아들들에게 고하여 이르라 속죄제의 규례는 이러하니라 속죄제 희생은 지극히 거룩하니 여호와 앞 번제 희생을 잡는 곳에서 그 속죄제 희생을 잡을 것이요 죄를 위하여 제사드리는 제사장이 그것을 먹되 곧 회막 뜰 거룩한 곳에서 먹을 것이며 무릇 그 고기에 접촉하는 자는 거룩할 것이며 그 피가 어떤 옷에든지 묻었으면 묻은 그것을 거룩한 곳에서 빨 것이요 그 고기를 토기에 삶았으면 그 그릇을 깨뜨릴 것이요 유기에 삶았으면 그 그릇을 닦고 물에 씻을 것이며 그 고기는 지극히 거룩하니 제사장의 남자마다 먹을 것이니라 그러나 피를 가지고 회막에 들어가 성소에서 속하게 한 속죄제 희생의 고기는 먹지 못할지니 불사를지니라

또한 에스겔 46:20-24은 희생 제물을 그릇에 삶을 때 제사장이 해야 할 임무를 잘 보여준다. 그러므로 희생 제물의 고기를 삶은 일은 오직 제사장의 책임 아래 이루어졌다. 그러나 본문은 여호와를 경배하고자 하는 자는 누구든지 고기를 삶을 수 있다고 말한다. 또한 성전에서 정해진 그릇이 아닌, 어떤 솥이든지 고기 삶는 기구로 사용될 수 있다. 이것은 지금까지 엄격하게 적용되었던 거룩의 구분이 무너지고, 그 범위가 보편적으로 확대될 것임을 강조해준다.

(3) 성전에 가나안 사람이 사라질 것이다. "가나안 사람"의 정체는 무

엇인가? 첫째, 어떤 학자들은 이 단어의 히브리어"(כְּנַעֲנִי)를 문자적 의미로 해석해서 물건을 사고 파는 "상인" 혹은 "장사꾼"(사 23:8; 잠 31:24)으로 해석한다. 만약 이렇게 해석하면, 이 사람은 성전에서 장사를 하던 자들을 가리킨다.[32] 둘째, 어떤 이들은 이 가나안 사람을, 여호수아 정복 이전부터 가나안에 살았던 이방인을 가리키는 표현(예를 들면 창 12:6)으로 해석한다. 만약 이런 입장을 취하면, 본문은 이스라엘과 이방인의 구분이 철폐된 새로운 예배 공동체를 강조해 주는 것이다. 필자는 두 입장 가운데 전자의 입장을 취한다. 아마도 본문은 예루살렘 성전의 역사적 상황과 관련이 있어 보인다. 구약 시대의 제사는 오직 정해진 거룩한 제사장의 역할과 책임에 의존했기 때문에, 결국 성전은 제사장과 상인들의 이익을 챙겨주는 수단으로 전락하게 되었던 것 같다. 그러나 본문은 이제 제사장과 성전 기구의 독점적인 역할이 사라짐으로 인해, 더 이상 성전을 이익의 도구로 삼는 상인들도 사라질 것임을 강조하고 있다. 이제 여호와를 향한 예배는 누구에게나 개방된다. 여호와께 경배하고자 하는 자는 누구든지 환영 받을 것이다. 오직 우주의 왕 여호와를 경배하는 자들은 누구든지 하나님의 백성이 될 것이다.

현대인을 위한 메시지

고난 속에서도 그리스도의 승리에 참여하라

스가랴는 장차 주의 날이 도래할 때 예루살렘이 열방의 민족들로부터 침략을 받아 큰 환난을 겪게 될 것임을 예고한다. 그러나 그 환난의

---

32. Ben C. Ollenburger, "Zechariah," 839; Mark J. Boda, *Haggai, Zechariah*, 529.

고통 속에서도 하나님의 신실한 백성들이 끝까지 생존할 것이며, 여호와께서 이스라엘을 괴롭힌 그 열방의 백성들을 심판하실 것임을 약속한다. 앞서 설명했듯이, 대환난을 수반하는 주의 날의 도래는 이미 선지자들을 통해 누차 예언된 바 있다. 역사적으로 볼 때, 이스라엘은 끝임 없는 이방 민족들의 침략 때문에 수난의 역사를 겪었다. 바벨론으로 귀환한 포로 공동체는 성전을 건축하고 에스라와 느헤미야를 중심으로 율법의 정신으로 돌아가려는 개혁의 의지를 표방했지만, 그들의 노력은 수포로 돌아갔으며 결국 헬라 제국의 침략에 직면하고 말았다.

특히 주전 175년에서 164년까지 통치했던 셀류코스(Selucid) 왕조의 안티오쿠스 아피파네스 4세는 유대인들을 헬라화시키기 위해 온갖 수단을 동원하였다. 안티오쿠스는 정기적인 희생제사, 인식일, 전통적인 절기를 폐지시켰으며, 율법의 사본들을 파기시켰고, 할례 행위도 금지시켰다.[33] 이런 정책에 대한 저항은 사형이라는 엄벌로 다스려졌으며, 심지어 이교도들의 제단이 곳곳에 세워졌고 부정한 음식으로 여겨졌던 돼지고기를 먹지 않으면 죽음에 처한다는 강압적인 명령이 내려졌다.[34] 심지어 그는 예루살렘 성전에 이방 제단을 세웠고, 이 제단은 삼년 십일간 예루살렘 성전에 안치되었다. 이 때의 기간은 성전이 모독 당했던 시간이었다. 안티오쿠스는 주전 167년 12월에 올림푸스 제우스 신을 위한 제사를 예루살렘 성전에서 거행시켰으며, 그 때에 제우스 신을 위한 제단이 건립되었고, 그 제단 위에서 돼지고기를 제물로 바쳤다. 이 제물은 아마도 다니엘이 말한 "멸망케 하는 미운 물건"과 관련이 있을 것이다(단

---

33. 존 브라이트,「이스라엘 역사」, 박문재 역 (서울:크리스챤 다이제스트, 1993), 583-584.

34. Ibid.

9:27; 11:31 그리고 12:11). 그러나 헬라 제국이 붕괴될 때, 이스라엘은 다니엘이 고대했던 바로 그 주의 날이 곧 도래할 것이라고 믿었을 것이다 (단 12장). 그러나 더욱 강대한 로마 제국의 출현은 독립을 염원하던 이스라엘에게 좌절을 안겨 다 주었으며, 주후 70년에 발생한 로마 군사들의 예루살렘 공격과 성전 파괴는 또 다른 환난의 순간이었다. 흥미롭게도 복음서 저자들은 주후 70년에 발생한 예루살렘의 멸망 사건을, 다니엘에 묘사된 대환난과 연결시킨다.

> 그러므로 너희가 선지자 다니엘의 말한 바 멸망의 가증한 것이 거룩한 곳에 선 것을 보거든 (읽는 자는 깨달을진저) 그 때에 유대에 있는 자들은 산으로 도망할지어다(마 24:15-16)

> 멸망의 가증한 것이 서지 못할 곳에 선 것을 보거든 (읽는 자는 깨달을진저) 그 때에 유대에 있는 자들은 산으로 도망할지어다(막 13:14)

여기서 복음서 저자들이 언급하는 "멸망의 가증한 것"은 다니엘이 예언한 "멸망케 하는 미운 물건"을 연상시켜준다. 아마도 마태와 마가가 염두에 둔 "멸망의 가증한 것"은 주후 70년에 발생한 로마의 예루살렘 침략과 성전 훼손 사건과 연관이 있을 것이다.[35] 실제로 로마의 티투스 장군은 성전의 지성소에 들어가서 성전 기물들을 떼내어 자신의 승리를 기리기 위해 로마로 옮겨버렸다. 그러므로 제우스 신전을 세워 예루살렘 성전을 더럽혔던 안티오쿠스 에피파네스의 악행은 로마의 예루살렘 성전 훼손 사건의 전조로서 작용한다. 나아가 복음서 저자들은 로마의 침략과 성전 훼손으로 나타난 예루살렘의 환난을 종말에 일어날 대환난

---

35. James A. Brooks, *Mark* (Nashville: Broadman Press, 1991), 212.

의 전조로 이해한다. 즉 주후 70년에 발생한 예루살렘의 환난은 예수 그리스도의 재림 전에 발생할 대환난의 모형(prototype)이 된다(예를 들면, 마 24:21, 28-30; 막 13:24).

> 주검이 있는 곳에는 독수리들이 모일지니라 그 날 환난 후에 즉시 해가 어두워지며 달이 빛을 내지 아니하며 별들이 하늘에서 떨어지며 하늘의 권능들이 흔들리리라 그 때에 인자의 징조가 하늘에서 보이겠고 그 때에 땅의 모든 족속들이 통곡하며 그들이 인자가 구름을 타고 능력과 큰 영광으로 오는 것을 보리라(마 24:8-30).

분명 예수 그리스도의 재림 이전에 반드시 큰 환난이 있을 것이다. 그러나 하나님의 백성들이 당하는 환난은 어느 특정한 시기로 제한될 수는 없다. 역사상 악의 세력들은 언제나 하나님의 백성들을 괴롭히며 심지어 죽음으로 몰아 넣기도 했다. 예수께서 제자들에게 경고했듯이 하나님의 백성들은 환난을 겪을 것이며(요 16:33), 심지어 죽음도 직면할 수 있다(마 24:9). 바울과 바나바는 믿음의 제자들을 향해 "또 우리가 하나님 나라에 들어가려면 많은 환난을 겪어야 할 것이라"고 권면한다. 요한은 성도들이 세상 나라를 다스리는 악한 세력들로부터 핍박을 당할 수 밖에 없다고 진술한다(계 13:7). 그럼에도 불구하고 요한은 성도들이 지상에서 환난을 당하지만 천상의 그리스도는 악의 세력을 이미 무찌르고 승리하셨음을 상기시켜준다.

> 장로 중에 하나가 내게 말하되 울지 말라 유대 지파의 사자 다윗의 뿌리가 이기었으니 이 책과 그 일곱 인을 떼시리라 하더라(계 5:5)

요한은 여기서 예수 그리스도를, 승리자로 소개하고 있으며, 곧 이어 "죽임을 당한 어린 양"으로 묘사한다(5:6). 이것은 예수 그리스도께서 고난 받고 죽으심으로서 이미 악의 세력을 이기셨음을 암시해 준다. 즉 예수 그리스도는 어린 양으로 희생 당 하심으로써 사탄을 이기셨다. 고난을 통한 예수 그리스도의 승리 방식은 성도들의 승리 방식과 무관하지 않는다. 비록 성도들에게 고난이 엄습하며 심지어 죽음이 찾아오더라도 어린 양 예수 그리스도를 본 받아 끝까지 인내하면, 참된 승리가 주어진다. 요한은 이와 같은 성도들의 승리 방식을 다음과 같이 묘사한다.

> 또 여러 형제가 어린 양의 피와 자기의 증거하는 말을 인하여 저를 이기었으니 그들은 죽기까지 자기 생명을 아끼지 아니하였도다(계 12:11)

비록 성도들이 지상에서는 악의 세력으로부터 큰 환난을 당할 수 있지만, 그들이 십자가에 못 박히고 부활하신 그리스도를 끝까지 증거하며 죽음을 아끼지 아니할 때 사실상 그들은 이 악한 세력들을 이미 정복한 것이다. 그러므로 악한 세력의 핍박은 역설적으로 그리스도 인들의 승리를 의미한다.[36] 그러므로 오늘의 삶 속에서 그리스도를 위해 고난을 받고 있다면, 우리는 악의 세력들이 패배하고 있으며, 이미 그리스도의 승리에 참여하고 있음을 결코 잊어서는 안 된다.

그리스도 안에서 초막절의 생수를 맛보라

스가랴 14장은 종말의 주의 날에 열방의 백성들이 초막절을 지키기 위해 예루살렘을 방문할 것이라고 예고한다. 앞서 설명했듯이, 원래 초막절은 속죄일이 지난 5일 후, 즉 일곱째 달(티스리, Tishri) 15일에 시작

---

36. C. Marvin Pate, et al., *The Story of Israel: A Biblical Theology* (Downers Grove: IVP, 2004), 274.

되었다. 이 절기는 마지막 추수를 기념하며 이스라엘에게 놀라운 땅의 선물을 주신 여호와를 감사할 뿐만 아니라, 애굽에서 구원하신 여호와의 구원을 잊지 않고 기념하기 위해 지켜졌다. 그러나 이 초막절의 계명은 제대로 준수되지 않았던 것 같다. 그리하여 학사 에스라는 포로 귀환 공동체를 향해 다시 초막절을 준수할 것을 명령한 바 있다(느 8:13-18). 흥미롭게도 초막절 절기 때에 예수가 선포한 가르침(요 7:34-44)은 스가랴 14장에서 예언한 종말의 초막절과 깊은 연관성을 지닌다. 예수 시대의 초막절의 마지막 날은 물 의식(water ritual)이 거행되었다. 이 때에 제사장들은 실로암 연못에서 물을 떠서 항아리에 담아 행진하였으며, 그 물을 제단 밑에 붓는 의식을 행하였다. 특히 제 7일에는 이 의식을 7번 행하였다. 이렇게 제단에 물을 붓는 행위는 추수에 대한 감사와 아울러, 미래의 곡식을 위해 비를 요청하는 기도였다.

그러나 예수는 목마른 자는 물을 마시라고 말씀하면서 자신을 종말에 부어질 초막절의 생수의 공급자로 간주한다. 다시 말해, 예수는 인간의 영적인 필요를 궁극적으로 충족시킬 수 있는 길은 자신을 통해 영적인 물을 공급 받는 것 외에는 있을 수 없음을 단언한다. 그러므로 예수는 스가랴 14장에 예고된 종말에 솟아날 초막절의 생수는 오직 자신을 통해서만 경험될 수 있다고 선언한다. 무엇보다도 예수는 자신으로부터 솟아나는 물은 영원히 목마르지 않는 영혼의 생수이기에 영혼의 갈증을 해결해 주는 유일한 해결책임을 강력하게 선포한다.

우리는 요한복음 4장에 등장하는 사마리아 여인의 실존을 통해 영혼의 생수가 없어 목말라 하는 인간의 실상을 깨닫게 된다. 현대인들에게도 이것은 예외가 아니다. 비록 현대인들이 물질적 풍요와 사상의 자유를 만끽하고 있지만, 영혼의 갈증으로 목말라 하고 있음은 쉽사리 알 수 있다. 우리는 어느 대 재벌가의 딸의 자살 소식을 접한 바 있다. 그녀가 갈망하며 꿈꾸던 것들은 결코 물질로는 채울 수 없었고, 그녀의 절망은 결국 자살로 이어지고 말았다. 또한 버트란트 러셀과 같은 대 사상가는 4번이나 결혼의 실패를 겪었으며, 기타의 제왕으로 추앙 받던 지미 핸드릭스는 20대의 젊은 나이에 마약중독으로 사망하고 말았다. 그러나 스가랴는 인생에게 무엇보다도 영혼의 생수가 절실하며, 그 생수가 종말에 세워질 초막절의 성전으로부터 솟아날 것이라고 선포한다. 그러므로 스가랴와 요한의 메시지는 하나님을 떠난 영혼은 오직 영혼의 생수를 마셔야만 하며, 오직 초막절의 성전이신 예수 그리스도에게 나아가는 자는 누구든지 이 생수를 맛볼 수 있음을 일깨워준다.

그리스도 안에서 성전을 거룩케 하라

스가랴는 종말의 주의 날이 도래 할 때 온 열방의 백성들이 예루살렘에 모여 초막절 축제를 즐기게 될 것이라고 선언한다. 초막절과 같은 이스라엘의 절기는 전통적으로 예루살렘에서 거행되었으며, 이스라엘 민족의 정체성을 나타내주는 중요한 특징이 되었다. 특히 예루살렘이 성전은 주요 절기를 준수하는데 중심적인 역할을 수행했으며, 그로 인해 제사장들의 독점적인 위치는 더욱 강화될 수 밖에 없었다. 그로 인해 제사장들은 이 절기의 독점적 특징을 이용해 상인들과 결탁하여 경제적 이익을 챙겼으며, 결국 하나님의 거룩한 임재의 처소를 부패의 장소로 전락시키고 말았다. 이와 같은 성전 절기로 인한 성전의 부패는 예수 시대에도 예외는 아니었다.

마태복음 21:12-17에 소개되는 예수의 성전 청결 사건은 스가랴 14장에 등장하는 성전의 가나안 상인들을 연상시킨다. 예수 시대의 성전 경내는 대략 4만 여 평에 해당하는 넓은 공간이었으며, 그 가운데 성전과 부속 건물이 위치하고 있었다. 이 성전 경내에는 성전 제물을 돈으로 살 수 있는 판매소가 있었으며, 오직 이 판매소는 제사장의 허락 하에 설치되었다. 사실 이 판매소는 먼 거리를 여행해야 하는 순례자들의 편의를 위해 설치되었으나 점차 상업주의의 온상이 되고 말았다. 성전을 방문한 예수는 성전에서 장사를 행하는 상인들의 모습을 목격한 후 분노한다. 예수는 상업화된 성전의 부패상을 바라보며 "기록된 바 내 집은 기도하는 집이라 일컬음을 받으리라 하였거늘 너희는 강도의 굴혈을 만드는도다"라고 한탄한다. 여기서 예수는 예배와 기도가 중심이 되지 못하고 특정 집단에 의해 상업화된 부패한 성전을 새롭게 정화시키는 자로서 자신을 부각시킨다. 스가랴 14:21은 종말의 주의 날에 메시아가 도래하여 예루살렘의 성전을 정결케 할 것임을 예언한 바 있으며, 예수는 자신이 종말의 성전을 새롭게 정화시킬 바로 그 메시아임을 상기시킨다.

예를 들면, 요한은 예수 그리스도를 성전을 정화시키는 메시아뿐만 아니라 구약 성전의 궁극적 성취인 새 성전으로 이해한다(요 1:14). 요한복음 1:24에서 사용된 "(우리 가운데) 거하다"라는 동사는 "성막"(헬, 스케네)이라는 명사의 동사형(헬, 스케노오)으로서 "장막을 치다"로 해석할 수도 있다. 이것은 그리스도가 구약의 바로 그 "성막"이심을 요한이 의도적으로 강조하고 있음을 말해준다.

또한 요한은 요한복음 1:51에서 인자위로 올라가고 내려가는 천사들을 언급한다. 이것은 벧엘에서 사닥다리의 꿈을 꾼 야곱의 이야기(창 28:12)을 연상시킨다. 야곱이 보았던 그 사닥다리는 천상과 지상을 이어주는 일종의 임시 성소(a temporary sanctuary)였다. 비일(G. K. Beale)의 주장대로, "벧엘의 이 작은 성전은 이스라엘에서 영구적인 처소가 되었던 예루살렘의 대성전의 전조(precursor)가 된다. 예수 그리스도께서 스스로를 창세기 28장의 사닥다리 성전으로 간주하고 있음은 예루살렘 성전이 아닌 자신이 천상과 지상을 잇는 본래의 연결 점(the primary like)이라는 사실을 강조하는 또 다른 방식이라고 할 수 있다."[37]

또한 예수 그리스도는 종교 지도자들과 성전에 대한 권위의 문제로 논쟁할 때, "이 성전을 헐라 내가 사흘 동안에 일으키리라"(요 2:19)고 선언하신다. 헤롯 성전을 건축하는데도 오랜 시간이 필요했는데, 어떻게 예수가 그것을 사흘 만에 지을 수 있다는 말인가? 요한은 사흘 만에 다시 건축될 이 성전이 바로 예수님의 몸이라고 말한다(요 2:21). 이처럼 요한의 관점에서 볼 때, 예수 그리스도야말로 구약의 성막 혹은 성전의 완전한 성취가 되신다. 그러므로 우리는 육신으로 오신 하나님, 즉 예수 그리스도를 통해 하나님의 임재를 온전히 체험하게 된다. 요한복음 4장에서 예수는 우물가의 한 여인을 만난다. 이 여인은 사마리아 출신으로서 자신에게 찾아온 유대인(예수 그리스도)에게 "우리 조상들은 이 산에서 예배하였는데 당신들의 말은 예배할 곳이 예루살렘에 있다 하더이다"(요 4:20)라고 말하면서 간접적인 질문을 던진다. 그러자 예수는 다음과 같은 놀라운 선언을 제시하신다.

> 아버지께 참으로 예배하는 자들은 신령과 진정으로 예배할 때가 오나니 곧 이 때라 아버지께서는 이렇게 자기에게 예배하는 자들을 찾으시느니라 하나님은 영이시니 예배하는 자가 신령과 진정으로 예배할지니라(요 4:23-24)

이와 같은 예수의 선언은 이제 더 이상 지형으로서의 예루살렘이나 혹은 건물로서의 성전에서 하나님의 임재를 체험할 수 없음을 분명히 밝혀준다. 오히려 친히 육신이 되어 장막을 치신 하나님, 즉 예수 그리

---

37. G. K. Beale, *The Temple and The Church's Mission* (Downers Grove: IVP, 2004), 195.

스도를 통해서만 하나님의 임재를 경험할 수 있다. 또한 예수 그리스도는 우리의 성막이 되실 뿐만 아니라 그의 성령을 보내어 성령으로 거듭난 그의 백성들과 영원히 함께 거하신다(행 2장; 고전 6:19; 고후 6:16; 엡 2:21). 그러므로 스가랴를 비롯한 모든 구약의 본문들 속에 약속된 종말의 하나님의 임재와 그 축복은 이제 예수 그리스도를 믿는 하나님의 백성들에게 주어진다. 끝으로 요한은 장차 완성될 새 하늘과 새 땅에서 이루어질 영원한 하나님의 임재와 그 축복을 다음과 같이 묘사한다.

> 성안에 성전을 내가 보지 못하였으니 이는 주 하나님 곧 전능하신 이와 및 어린 양이 그 성전이심이라 그 성은 해나 달의 비췸이 쓸데 없으니 이는 하나님의 영광이 비취고 어린 양이 그 등이 되심이라 만국이 그 빛 가운데로 다니고 땅의 왕들이 자기 영광을 가지고 그리로 들어오리라(계 21:22-24)

여기서 요한은 하나님과 어린 양 예수가 영원히 그의 백성들 가운데 임재하기 때문에 새 예루살렘 성 안에는 성전이 필요 없음을 천명한다. 예수 그리스도께서 친히 장막이 되어 이 땅에 오셨고, 하나님과의 교제가 단절된 인류에게 화목의 길을 만드셨기 때문에, 이제 더 이상 하나님과의 교제와 임재의 수단이었던 성전은 필요치 않다. 예수 그 분이 바로 우리의 성전이시다!

끝으로 바울은 예수 그리스도를 성도들을 가리켜 성전이라고 주장한다. 바울은 에베소서 2:19-22에서 에베소 교인들이 그리스도의 몸의 일부이며, 성도들 모두가 서로 연합하여 참된 성전으로 건축되어가야만 함을 역설하고 있다. 이는 성령께서 모든 성도들 가운데 거하시므로 성도의 몸 자체가 거룩한 하나님이 임재하는 성전이 되기 때문이다. 그러기에 바울은 고린도후서 6:14-16에서 성령이 거하지 않는 불신자들과의 친교를 경고하면서 "우리는 살아계신 하나님의 성전이라 이와 같이 하나님께서 가라사대 내가 저희 가운데 거하며 두루 행하여 나는 저희 하나님이 되고 저희는 나의 백성이 되리라"고 선언한다. 또한 음행의 문제를 다루는 고린도전서 6:18-20에서도 바울은 음행을 피해야만 하는 가장 중요한 이유로서 그리스도인의 몸이 "성령의 전"이라는 사실을 강조한다. 이러한 관점에서 볼 때, 성전의 청결을 강조하는 스기랴 14장과 신약의 메시지는 우리로 하여금 성전을 더럽히는 불법과 죄악을 피하며 그리스도 안에서 서로 연합하여 우리의 성전을 든든히 세워나감으로써 우리의 몸으로 하나님께 영광을 돌리는 삶을 실천해야만 함을 일깨워 준다.

예레미야애가의 주의 날
(3장을 중심으로)

예레미야애가의 독특한 특징 가운데 하나는 본문의 구성 방식이 히브리 알파벳 배열로 이루어지고 있다는 점이다. 특히 3장은 3행으로 짜여진 22개의 연이 히브리 알파벳의 순서에 따라 가장 잘 정렬되어 있기 때문에, 독자들로부터 관심을 끌게 한다. 또한 예레미야애가 3장의 전개 방식은 인칭의 변화에 따라 전환을 맞이한다. 1-39절에서 화자는 "나"라는 1인칭 단수형으로 묘사되고 있는 반면, 40-47절의 화자는 "우리"라는 1인칭 복수형으로 등장한다. 그 다음 48-66절의 화자는 또 다시 "나"라는 1인칭 단수형으로 전환되어 3장 전체의 내용을 마무리하고 있다. 본문은 북 이스라엘과 남 유다가 여호와께 불순종했으며, 그 결과 여호와께서 그들을 향해 심판을 행하셨다고 탄식한다. 그러나 본문은 혹독한 고난 속에서도 회개의 기도를 드리며 여호와를 향한 신뢰와 소망을 저버려서는 안 된다는 점을 강조한다. 이런 관점에서 볼 때, 예레미야애가 3장은 심판의 주의 날을 경험한 하나님의 백성의 적절한 반응을 잘 드러내준다. 현재의 절망 속에서도 미래의 희망을 고대하는 시인의 처절한 고백은 현대를 살아가는 우리들에게 여전히 적실한 하나님의 메시지로 다가온다.

예레미야애가 3장의 구조

애가 3장의 구조는 다양한 관점으로 구성될 수 있다. 대체로 애가 3장의 구조는 알파벳 형식, 인칭의 변화 그리고 중심 주제에 따라 다양하게 구성될 수 있다. 이 구조 분석은 다음과 같이 제시될 수 있다.

알파벳 배열의 관점에 따른 구조

א (알렙, 1-3절)   ב (베트, 4-6절)   ג (기멜, 7-9절)
ד (달렛, 10-12절)   ה (헤, 13-15절)   ו (바브, 16-18절)
ז (자인, 19-21절)   ח (헤트, 22-24절) ט (테트, 25-27절)
י (요드, 28-30절)   כ (카프, 31-33절) ל (라메드, 34-36절)
מ (멤, 37-39절)   נ (눈, 40-42절)   ס (싸멕, 43-45절)
ע (아인, 46-48절) פ (페, 49-51절)   צ (짜딕, 52-54절)
ק (코프, 55-57절) ר (레쉬, 58-60절) שׁ (쉰, 61-63절)
ת (타브, 64-66절)

인칭의 관점에 따른 구조[38]

A. 1-39절(1인칭 단수 화법)
　　B. 40-47절(1인칭 복수 화법)
A' 48-66절(1인칭 단수 화법)

장르에 따른 구조

(1) 1-25절(개인의 탄식)
(2) 26-41절(탄식의 확장: 막간과 교훈적 설명)
(3) 42-51절(공동체의 탄식 단락)
(4) 52-58절(개인 찬양시 단락)
(5) 59-66절(결론 단락: 원수에 대한 불평과 보응에 대한 간청)[39]

---

38. Duane Garrett & Paul R. House, *Songs of Songs/ Lamentations*, WBC 23B (Nashville: Thomas Nelson Publishers, 2004), 404-405.

39. 이 구조는 Claus Westermann의 분석에 따른 것이다. 구체적인 논의로는 그의 책, *Lamentations: Issues and Interpretation* (Edinburgh: T&T Clark, 1994), 170-193을 참조하라.

이와 같이 예레미야애가 3장의 구조는 히브리 알파벳 형식이나 인칭 혹은 장르에 따라 다양하게 구분될 수 있다. 여기서 우리는 히브리 알파벳 순서의 답관체 형식에 따른 구조에 따라 22개의 연을 분석하되, 인칭의 대전환이 이루어지는 40절을 기점으로 크게 두 단락으로 구분해서 다루어 볼 것이다.

본문 분석

절망에서 희망으로(1-39절)

화자가 일인칭 단수형으로 소개되는 1-39절의 방향은 시인의 절망적인 상황과 처절한 탄식으로 시작하여 점차 여호와를 향한 소망과 회복을 향한 갈망으로 전개된다. 여기서 시인은 비관적인 상황 속에서도 여전히 소망이 여호와께 있음을 의심치 않으며, 궁극적으로 오직 여호와를 신뢰하고자 결단한다. 그럼 지금부터 1-39절의 전개내용을 알파벳 순서에 따라 살펴보도록 하자.

א(알렙, 1-3절)
여호와의 노하신 매로 인하여 고난 당한 자는 내로다 나를 이끌어 흑암에 행하고 광명에 행치 않게 하셨으며 종일토록 손을 돌이켜 자주 자주 나를 치시도다

1장과 2장에서는 이스라엘의 심판과 고난이 집중되어 있었다면, 3장은 시인의 고난으로 초점을 옮기고 있다. "진노의 매"라는 말은 구약에서 대개 하나님의 심판(삼하 7:14; 시 89:32; 욥 9:34; 21:9)을 뜻하는 상징적 표현으로 쓰인다. 하지만 여기서 "매"로 번역된 히브리어 "세베트"는 아이를 훈육할 때나 지도자들이 그 통치를 수행할 때 사용되는 말이며,

목자들이 목양에 사용한 막대기를 뜻할 수도 있다. 특히 2절에 나오는 "이끌다"는 표현은 막대기로 양들을 인도하는 목양하는 목자의 이미지를 연상시켜준다(시 77:21; 78:52-53; 80:1; 사 40:11; 63:13-14).[40] 대부분의 경우에 이와 같은 인도함은 구원과 연관되어 있다. 예를 들면, 하나님은 광야에서 그의 백성들을 인도하시며(출 15:13; 시 77:20; 78:52-53), 포로된 백성들을 새 출애굽으로 이끌어 주신다(사 63:13-14; 49:10). 그러나 이 본문에서는 이 단어가 부정적으로 사용된다. 다시 말해, 시인은 하나님께서 구원으로 인도하기보다는 오히려 어둠으로 이끌고 있다고 탄식한다. 그러므로 시인이 본 하나님은 양들을 초장으로 인도하는 목자라기보다는, 손에 매를 들고 잘못된 아이를 때리는 엄한 부모의 이미지로 그려진다. 시인은 이런 역전된 상황 속에서 절망한다.

ב(베트, 4-6절)
나의 살과 가죽을 쇠하게 하시며 나의 뼈를 꺾으셨고 담즙과 수고를 쌓아 나를 에우셨으며 나로 흑암에 거하게 하시기를 죽은지 오랜 자 같게 하셨도다

하나님의 심판은 시인의 육체적 고통으로 나타난다. 특히 5절의 "쌓다"라는 말(히, 마나 알라이)는 대적들로부터 둘러싸여있는 도시를 나타낼 때 사용되기도 한다(예를 들면, 신 20:20; 왕하 25:1; 전 9:14). 그리고 "에워싸다"라는 말(히, 히키프 알)은 대적들로부터 포위당한 성읍들이나 백성들을 나타낼 때 사용된다(시 17:9; 22:16). 그러므로 본 구절은 하나님께서 자신을 대적처럼 취급하고 있음에 대해 절망적인 탄식을 내뱉고 있다.

---

40. Delbert R. Hillers, *Lamentations*, The Anchor Bible (New York: Doubleday, 1992), 124-125.

♪(기멜, 7-9절)
나를 둘러 싸서 나가지 못하게 하시고 나의 사슬을 무겁게 하셨으며 내가 부르짖어 도움을 구하나 내 기도를 물리치시며 다듬은 돌을 쌓아 내 길을 막으사 내 첩경을 굽게 하셨도다

이제 시인은 자신을 감옥에 갇힌 자와 같이 여긴다. 여기서 사용된 "어둠"이란 말은 "스올"에 대한 시적인 표현이기 때문에(시 88:12; 욥 10:21-22; 17:13; 18:18; 전 6:4; 11:8), 시인은 어둠에 갇힌 자신을 마치 죽은 자와 같은 존재로 여긴다. 기도조차 응답되지 못함은 그의 상태를 더욱 절망으로 이끌고 있다. 더욱이 시인은 "길을 막는다" 혹은 "첩경을 굽게한다"는 표현을 사용하면서 하나님께서 이런 상황 속에서도 자신의 뜻과 계획을 철저히 무산시키고 있음을 강조하고 있다.41

ㄱ(달렛, 10-12절)
저는 내게 대하여 엎드리어 기다리는 곰과 은밀한 곳의 사자 같으사 나의 길로 치우치게 하시며 내 몸을 찢으시며 나로 적막하게 하셨도다 활을 당기고 나로 과녁을 삼으심이여

여기서 시인은 하나님을, 먹이를 향해 잔인한 이빨을 들이대는 사나운 맹수로 묘사한다(사 38:13; 호 13:8). 특히 구약에서 "활"이 육체적 질병과 관련해서 사용되기 때문에(예를 들면, 욥 34:6; 시 91:5), 하나님을 "활"을 쏘는 자로 묘사하는 시인의 표현은 현재의 육체적 고난의 심각성을 암시해 주고 있는 듯 하다.

---

41. Iain W. Provan, *Lamentations*, New Century Bible Commentary (Grand Rapids: Eerdmans, 1991), 86.

ה(헤, 13-15절)
전동의 살로 내 허리를 맞추셨도다 나는 내 모든 백성에게 조롱거리 곧 종일 토록 그들의 노랫거리가 되었도다 나를 쓴 것으로 배불리시고 쑥으로 취하게 하셨으며

육체적 고통뿐만 아니라 시인을 괴롭히는 더 큰 아픔은 사람들로부터 당하는 조롱이다. 특히 "쑥"이라는 말이 구약에서 고통, 슬픔 혹은 재난을 상징하는 말로 사용되고 있음을 고려해 볼 때(예를 들면 암 5:7, 6:12; 잠 5:4), 독자들은 이런 표현을 사용하는 시인의 현재적 고통과 그 정도의 깊이를 짐작하게 된다.

ו(바브,16-18절)
조약돌로 내 이를 꺾으시고 재로 나를 덮으셨도다 주께서 내 심령으로 평강을 멀리 떠나게 하시니 내가 복을 잊어버렸음이여 스스로 이르기를 나의 힘과 여호와께 대한 내 소망이 끊어졌다 하였도다

시인은 자신의 처지를 설명하기 위해 "조약돌"(히, 하자츠)과 "재"라는 단어를 사용한다. 입에 재갈을 물린다든지 혹은 티끌을 핥는 행위들은 굴욕적인 상태를 의미할 수 있기 때문에(시 72:9), 이런 표현들은 시인의 굴욕적인 비참한 상황을 암시해 준다. 그의 영혼은 이제 평강을 누릴 수 없으며, "복"을 알지 못한다. "복"이라는 히브리어 "토바"는 관계성보다는 외형적인 물질적 "번영"을 뜻하는 말로서 시인의 물질적 궁핍의 상태를 시사해 준다. 뿐만 아니라 "끊어졌다"라는 히브리어 "아바드"는 "소멸되다"는 뜻을 지니기 때문에, 숱한 고난과 절망으로 인해 이제 여호와를 향한 소망조차 기대하지 못하는 시인의 절박한 상태를 엿보여 준다.

ו(자인, 19-21절)
내 고초와 재난 곧 쑥과 담즙을 기억하소서 내 심령이 그것을 기억하고 낙심
이 되오나 중심에 회상한즉 오히려 소망이 있사옴은

그럼에도 불구하고 시인은 현재의 절망적 상황에서 여호와를 향한 미래의 소망으로 옮겨간다. 현재의 절망을 탄식하던 시인은 그의 시선을 하나님께로 돌린다. "중심에 회상한즉"이란 표현은 시인이 처한 현재의 고초와 재난과 관련이 있으며, 시인이 그런 현실을 다시 마음에 떠올린다는 뜻을 의미한다. 하지만 시인은 현재의 절박함에서 미래의 소망으로 그의 발걸음을 내딛는다. "오히려"로 번역된 원문은 "알켄"으로서 "그러므로"의 뜻을 지닌다. 즉 현재의 절박한 상태로 인해 여호와를 소망하게 된다는 점을 암시해주고 있다. 그러므로 절망은 소망으로 나아가는 첫 시발점이 된다. 처절한 절망이 없이는 진정한 소망을 고대할 수는 없다.

ח(헤트, 22-24절)
여호와의 자비와 긍휼이 무궁하시므로 우리가 진멸되지 아니함이니이다 이것이 아침마다 새로우니 주의 성실이 크도소이다 내 심령에 이르기를 여호와는 나의 기업이시니 그러므로 내가 저를 바라리라 하도다

본 연은 애가의 본문 가운데 널리 알려진 표현으로서 여호와의 자비와 소망에 초점을 두고 있다. 시인은 현재의 절망 속에서도 소망을 고대할 수 있는 근거로서 여호와의 "자비"(히, 헤세드)와 "긍휼"을 강조한다. 이 자비는 언약관계에 근거한 여호와의 변함없는 사랑을 뜻한다. 이것은 하나님과 그의 백성 간의 언약 관계가 여전히 유효함을 말해준다. 그렇다면 이스라엘에게 희망은 아직 남아 있다. 여기서 그의 자비는 이스라엘의 "남은 자"를 통해 나타난다. 비록 여호와의 심판이 혹독하지만, 모

든 백성들을 진멸치 아니하시고 남겨두심으로써 그의 사랑을 보여주시며, 나아가 이들을 통해 그의 언약 관계를 다시 새롭게 수립하실 것이다. 특히 기업으로 번역된 히, "헬레크"는 구약에서 이스라엘을 하나님의 소유로 묘사할 때 종종 사용되곤 했다. 여기서 사용된 단어는 민수기 18:20을 연상시켜준다.[42] 민 18:20에서 여호와는 아론에게 "너는 이스라엘 자손의 땅의 기업도 없겠고 그들 중에 아무 분깃도 없을 것이나 나는 이스라엘 자손 중에 네 분깃이요 네 기업이니라"고 말씀하신다. 아론과 그의 후손들이 오직 여호와를 분깃으로 삼고 그 분만을 의지했던 것처럼, 이제 시인은 오직 여호와를 그의 기업으로 보고 그 분을 소망의 근거로 삼는다.

ט(테트, 25-27절)
무릇 기다리는 자에게나 구하는 영혼에게 여호와께서 선을 베푸시는도다 사람이 여호와의 구원을 바라고 잠잠히 기다림이 좋도다 사람이 젊었을 때에 멍에를 메는 것이 좋으니

각 행이 "토브"로 시작되는 이 연에서 시인은 하나님께서 고통 중에 있는 자들에게 선하신 분이심을 강조한다. 그러므로 시인은 고난당하는 자들이 해야 할 일은 선하신 하나님께서 베풀어 주실 구원을 기다리는 것뿐이다. 특히 시인은 사람이 젊을 때에 멍에를 매는 것이 좋다고 말한다. 여기서 사용된 멍에라는 말은 감내해야 할 고난을 의미한다. 특히 이 단어는 고난이 하나님께서 그의 백성들을 올바른 길로 인도하는 수단이 된다는 점을 암시해준다. 실제로 소들이 짊어진 멍에는 소들로 하여금 바른 길로 계속 나아가도록 이끌어 주는 역할을 한다. 이와 같은

---

42. Ibid., 94.

관점에서 볼 때, 고난 역시 하나님께서 인생의 여정 가운데 있는 그의 백성들을 바른 길로 이끌어 주시는 수단이 될 수도 있다. 특히 인생의 여정을 향해 첫 출발을 하려는 젊은이에게 고난은 무엇보다도 필수적인 것이다. 시인은 지금 이 점을 강조하고 있다.

> י(요드, 28-30절)
> 혼자 앉아서 잠잠할 것은 주께서 그것을 메우셨음이라 입을 티끌에 댈찌어다
> 혹시 소망이 있을찌로다 때리는 자에게 뺨을 향하여 수욕으로 배불릴찌어다

고대근동에서 "입을 티끌에 대는 것"은 나이 많은 연장자나 혹은 상사 앞에서 자신을 낮추어 경의를 표하는 행동이었다(미 7:17; 시 72:9). 이처럼 시인은 고난이 닥쳐올 때, 잠잠해야 하며 하나님 앞에 자신을 낮추어야 한다고 말한다. 심지어 시인은 때리는 자에게 도리어 뺨도 내어주는 듯이 철저히 낮아져야만 함을 강조한다. 그러므로 시인은 심판을 당할 때 그 심판자에게 원망하며 도전하기보다는 오히려 전적으로 그 결과에 순응하며 자신을 더욱더 그 분께 내어맡겨야 함을 역설하고 있다.

> כ(카프, 31-33절)
> 이는 주께서 영원토록 버리지 않으실 것임이며 저가 비록 근심케 하시나 그 풍부한 자비대로 긍휼히 여기실 것임이라 주께서 인생으로 고생하며 근심하게 하심이 본심이 아니시로다

25-27절이 히브리어 "토브"로 시작하는 연을 이루고 있다면, 31-33절은 "키"로 시작하는 연을 이루고 있다. 먼저 시인은 하나님으로부터 영원히 버림받지 않을 것임을 확신한다. 특히 부정관사, "로"(לא)의 용법은 시인의 믿음을 강화시켜준다. 예레미야애가 2:7에서 화자는 하나님께

서 그의 재단을 거절하셨다고 말하며, 3:17에서는 평강을 거절하셨다고 진술한다. 하지만 여기서 시인은 하나님께서 영원히 버리지 않을 것임을 확신하기에 이전의 부정적 진술을 뒤엎고 있다. 더욱이 시인은 하나님께서 고통을 주셨으나 "헤세드"를 베풀어 주실 것이라고 믿는다. 끝으로 시인은 하나님께서 고통을 내리시는 것은 그의 본심이 아니라고 말한다. 종합하자면, 심판과 고통 속에서도 소망을 가질 수 근거는, ① 하나님께서 영원히 버리지 않을 것이며 ② 하나님의 "헤세드"가 나타날 것이며 ③ 고통을 주시는 것은 하나님의 본심이 아니기 때문이다.

ל(라메드, 34-36절)
세상에 모든 갇힌 자를 발로 밟는 것과 지극히 높으신 자의 얼굴 앞에서 사람의 재판을 굽게 하는 것과 사람의 송사를 억울케 하는 것은 다 주의 기쁘게 보시는 것이 아니로다

앞서 살펴본 대로, 인간들의 고통과 근심은 하나님의 본심이 아니다. 본 연은 세상의 불의와 억압 역시 하나님의 마음과는 거리가 멀다는 점을 강조하고 있다. 이 연의 각 행이 부정사 절로 시작되고 있음은 흥미롭다. 본 연의 논점은 다음과 같다. 첫째, 하나님은 "그의 발"로 갇힌 자를 밟는 것을 원치 않는다.[43] 즉 하나님은 바벨론을 보내 예루살렘을 심판하셨으나 그것은 그의 본심이 아니었다. 그러므로 이스라엘의 심판은 영원한 실재라기보다는 일시적인 것임을 알 수 있다. 둘째, 불의를 저버리거나 그것을 방관하기를 원치 않는다. 악인들은 하나님께서 불의에 대해 개의치 않을 것이라고 생각할는지 모른다(습 1:12). 그리하여 그들

---

43. Duane Garrett & Paul R. House, *Songs of Songs/ Lamentations*, 418.

은 하나님께서 돌보지 않는다고 생각하는 고아와 과부들을 억압하였다(시 94:1-7). 그러나 시인은 하나님께서 이 땅에서 행해지는 불의한 죄악들을 방관하지 않을 것이라고 믿는다. 셋째, 하나님은 공의가 왜곡되거나 변절되는 것을 원치 않으신다. 그러므로 이 모든 점들을 감안해 볼 때, 시인은 하나님의 심판이 일상적인 것이 아닌, 어쩔 수 없는 특단의 조치였음을 역설한다.

מ(멤, 37-39절)
주의 명령이 아니면 누가 능히 말하여 이루게 하랴 화, 복이 지극히 높으신 자의 입으로 나오지 아니하느냐 살아 있는 사람은 자기 죄로 벌을 받나니 어찌 원망하랴

하나님께서 불의에 개의치 않는다는 오해를 불식시킨 시인은 이제 하나님을 창조주로서 강조한다. 시인에 의하면, 말씀으로 창조세계를 운행하시는 하나님은 그의 말씀으로 이스라엘의 심판을 이루셨다. 그러기에 이스라엘의 심판조차도 하나님의 말씀의 권능을 나타내준다. 그 어느 누구도 이와 같은 통치 능력을 소유한 자가 없다. 특히 이 땅에 발생하는 재난이나 복도 역시 하나님의 말씀으로부터 이루어진다. 다시 말해 인생의 생사화복은 주님의 권능에 달려있는 것이다. 그러므로 비록 인생들이 심판으로 고통을 당한다 할지라도, 하나님은 인생들을 고통에서 벗어나 회복으로 인도해 주실 수 있는 분이다. 끝으로 시인은 자신의 죄로 심판을 당할 때 원망해서는 안 된다는 점을 인식시켜준다. 여기서 시인이 탄식을 정당화하기 보다는 문제의 근원을 올바로 직시하도록 권면하고 있음은 하나님과의 관계 회복에 중요한 기초를 제공하고 있다.

여호와께로 돌아가자(40-66절)

지금까지 시인은 자신이 체험한 고통과 하나님의 본성에 대해 깨달은 바를 진술한 바 있다. 이제 40-47절에는 시인을 포함한, 일인칭 복수로 등장하는 공동체의 참회의 기도가 주도적으로 부각된다. 시인은 "우리"로 등장하는 공동체를 향해, 심판의 결과에 대해 집착하기보다는 그 고통스런 심판의 원인을 깨달으며, 자신의 죄를 먼저 성찰하며, 여호와께 참회할 것을 촉구한다. 여기서 참회의 반응은 고통의 긍정적인 결과로서 나타난다. 그러나 48-54절에서 시인은 자신의 죄를 참회하며 미래의 구원을 고대하면서도 현재의 절망적 상황 앞에서 어쩔 수 없이 탄식의 목소리를 내뱉는다. 그럼에도 불구하고 55-66절에서 시인은 여호와께서 현재의 고난을 감찰하시고 결국 자신의 형편을 신원해 주시며, 원수를 심판하심으로 공의를 이루실 것임을 확신한다.

♪(눈, 40-42절)
우리가 스스로 행위를 조사하고 여호와께로 돌아가자 마음과 손을 아울러 하늘에 계신 하나님께 들자 우리의 범죄함과 패역함을 주께서 사하지 아니하시고

앞서 시인은 심판의 고통이 자신의 죄의 탓임을 깨달아야 한다고 진술한 바 있다. 그렇다면 심판이 죄의 탓임을 깨닫는다면, 어떤 반응이 따라와야 하는가? 그것은 바로 심판을 야기시켰던 죄를 회개하고 여호와께로 다시 돌아가는 일이다. 본문에서 시인은 "우리"로 등장하는 공동체를 향해 자신의 "행위"를 조사하자고 고백한다. "행위"에 해당하는 히브리어 "데레크"는 길이라는 의미를 지니고 있다. 즉 이 말은 지금까

지 지나온 자신의 모든 삶의 행동과 행위들을 점검하며 잘못된 것을 바로잡겠다는 의지를 함축하고 있다. 하나님과의 관계 회복을 위한 첫 단계는 먼저 자신의 문제를 올바로 인식하고 성찰하는데 있다. 하나님과의 관계를 단절시킨 문제의 원인을 올바로 직시하고 여호와께 그 잘못을 고백할 때, 하나님과의 단절된 언약관계는 다시 회복될 수 있다. 결론적으로 본문에 나타난 참된 회개의 자세는, ① 자기 죄에 대한 심각성과 그 문제점을 인식하는 것이며 ②그 다음 하나님께 나아가 그의 죄를 고백하며 그의 긍휼하심을 구하는 것이다.

ס(싸멕, 43-45절)
진노로 스스로 가리우시고 우리를 군축하시며 살륙하사 긍휼을 베풀지 아니 하셨나이다 주께서 구름으로 스스로 가리우사 기도로 상달치 못하게 하시고 우리를 열방 가운데서 진개와 폐물을 삼으셨으므로

하나님의 긍휼을 얻고자 하는 시인은 현재의 절망적인 상태를 진술하며 다시 하소연한다. 비록 미래의 회복을 소망하고 있으나 현재의 상황은 여전히 고난의 연속일 뿐이다. 시인은 하나님의 진노가 아직 끝나지 않았음을 탄식한다. 그 이유는 하나님의 "긍휼하심"이 아직 나타나지 않기 때문이다. "긍휼히 여기다"는 히브리어 동사, "하말"은 "용서하다"는 뜻도 함축하고 있다. 그렇다면, 하나님의 진노가 여전히 계속되고 있음은 하나님께서 아직 용서하지 않았음을 의미한다. 특히 시인은 하나님의 백성들의 기도조차도 상달되지 못하는 현실 앞에서 절규한다. 마침내 시인은 현재의 모습을 "쓰레기"(히, 쎄히)와 "배설물"(히, 마오쓰)과 같이 여긴다.

ע(아인, 46-48절)
우리의 모든 대적이 우리를 향하여 입을 크게 벌렸나이다 두려움과 함정과 잔해와 멸망이 우리에게 임하였도다 처녀 내 백성의 파멸로 인하여 내 눈에 눈물이 시내처럼 흐르도다

시인은 계속해서 대적들의 공격으로 고통당하고 있음을 아뢴다. "입을 크게 벌린다"(פָּצוּ עָלֵינוּ פִּיהֶם)는 표현은 사나운 맹수가 먹이를 향해 달려드는 모습을 비유적으로 묘사한 것으로 대적들의 공격이 얼마나 잔인하고 참혹한가를 추측케 해준다. 또한 이 표현은 원수들의 조롱과 멸시를 나타내 주는 애 2:16의 진술을 연상시킨다. 원수들로 인한 육체적 물리적 고통뿐만 아니라 저주와 조롱으로 인한 정신적 고통은 실로 감내하기 힘든 고난이다. 여기서 시인은 백성들의 멸망과 그 고난을 바라보며 시냇물과 같은 눈물을 쏟아낸다. "눈물이 시내처럼"에 해당하는 히브리어, "팔레게 마임"은 "물줄기"라는 뜻이다. 그러므로 이 표현은 눈물이 물줄기처럼 여러 갈래 흘러내림을 말해주는 바, 시인의 처절한 심정을 잘 나타내준다. 이와 같은 시인은 슬픔은 다음 연에서도 계속 이어진다.

פ(페, 49-51절)
내 눈의 흐르는 눈물이 그치지 아니하고 쉬지 아니함이여 여호와께서 하늘에서 살피시고 돌아보시기를 기다리는도다 나의 성읍의 모든 여자를 인하여 내 눈이 내 심령을 상하게 하는도다

여기서 "내 눈의 흐르는 눈물이 그치지 않는다"(עֵינִי נִגְּרָה וְלֹא תִדְמֶה מֵאֵין הֲפֻגוֹת)는 문장은 다소 의역된 것으로서 직역하자면 "내 눈이 눈물을 쏟아내어 그치지 않는다"는 표현이 된다. 이 문장은 공동체를 위해

간구하는 예레미야 14:17의 기도와 매우 흡사하다. 그렇다면 시인은 언제까지 눈물을 쏟아야 하는가? 이 눈물은 여호와께서 돌아보실 때까지 흘러내릴 것이다. 특히 시인은 성읍의 "여인들"로 인해 가슴 아파한다. 여기서 "여인들"에 해당하는 히브리어는 "딸들"로 번역되는 것이 바람직하다. 그렇다면 이 딸들은 누구이며, 그들의 고통은 무엇인가? 학자들은 역사상 바벨론의 침략으로 겁탈을 당하거나 바벨론으로 잡혀간 이스라엘 여성들을 가리킨다고 말한다. 반면 어떤 이들은 예루살렘을 어미로 비유한다면 이 딸은 예루살렘에 속한 마을이나 촌락들을 가리킨다고 본다. 이 두 가지 해석은 모두 가능성을 지니고 있다. 그러나 어떤 해석을 취하든 이 표현은 이스라엘의 참혹한 비극을 나타내준다.

צ(짜딕, 52-54절)
무고히 나의 대적이 된 자가 나를 새와 같이 심히 쫓도다 저희가 내 생명을 끊으려고 나를 구덩이에 넣고 그 위에 돌을 던짐이여 물이 내 머리에 넘치니 내가 스스로 이르기를 이제는 멸절되었다 하도다

이제 시인은 자신의 운명을 여러 가지 비유로서 진술해나간다. 여기서 시인은 자신의 운명을 사냥꾼에게 쫓기는 새에 비유한다. 그렇다면 사냥꾼처럼 추격하는 대적은 누구인가? 이 원수는 바벨론 군대로 이해될 수도 있고, 그렇지 않다면 4:20에 나오는 에돔일 수도 있다.[44] 또한 시인은 자신의 운명을, 구덩이 갇혀 돌을 맞는 지경에 이른다. 이런 표현은 창세기 37장에 나오는 요셉의 이야기나 예레미야의 고난을 보여주는 예레미야 38:4-28의 이야기를 연상시켜준다. 하지만 시인의 고통은

---

44. Ibid., 425.

요셉이나 예레미야의 고난보다 더 참혹하다. 그 이유는 넘치는 물에 잠기듯이 임박한 죽음의 공포를 맛볼 수밖에 없기 때문이다. 이제 시인은 자신이 죽음의 막다른 길에 서 있다고 생각하면서 절망에 빠진다.

ק (코프, 55-57절)
여호와여 내가 심히 깊은 구덩이에서 주의 이름을 불렀나이다 주께서 이미 나의 음성을 들으셨사오니 이제 나의 탄식과 부르짖음에 주의 귀를 가리우지 마옵소서 내가 주께 아뢴 날에 주께서 내게 가까이 하여 가라사대 두려워 말라 하셨나이다

하지만 어둠의 깊은 수렁에서 탄식하던 시인은 계속해서 실의에 빠지지 않는다. 오히려 그는 죽음의 절망 속에서도 여호와의 이름을 부르며, 마침내 주님으로부터 기도의 응답을 받는다. 이것은 기도의 무응답(43-45절)에 대한 역전을 말해준다. 여호와는 한때 기도의 간구와 부르짖음에 응답지 않았으나 이제 시인은 기도의 응답을 체험한다. 더욱이 주님은 절망의 기도에 응답하실 뿐만 아니라 "두려워 말라"(히, 알티라)는 위로의 말씀까지 전해주신다. 절망에서 희망에로의 대전환이 나타난다.

ר (레쉬, 58-60절)
주여 주께서 내 심령의 원통을 펴셨고 내 생명을 속하셨나이다 여호와여 나의 억울을 감찰하셨사오니 나를 위하여 신원하옵소서 저희가 내게 보수하며 나를 모해함을 주께서 다 감찰하셨나이다

이 연은 법정의 송사를 그 배경으로 하고 있다. "내 심령의 원통"에 해당하는 히브리어는 '리베 나프시'로서 '리베'라는 말은 '다툼' 혹은 '소송'을 뜻하는 말이다. 그러므로 여호와는 여기서 시인의 억울함을 해

결해 주는 변호사로서 묘사된다. "내 생명을 속하셨나이다"라는 표현 가운데 '속하셨다'에 해당하는 히브리 동사는 '가알'이다. '가알'은 '기업을 무르다', '대가를 치르고 회복시켜주다'는 뜻을 지닌다. 특히 이사야43:14; 47:4-5에서 여호와는 이스라엘의 구속자로 소개되는 바, 이 구속자라는 말은 '가알'의 명사형 '고엘'로 표현되고 있다. 이것은 여호와께서 포로된 백성들을 바벨론으로부터 해방시켜 원래의 상태로 다시 회복시켜 주실 기업 무를 자임을 강조해 주는 것이다. 나아가 시인은 비록 부당한 일로 고통 당한다 할지라도, 구속자요 변호자 되시는 여호와께서 그의 억울함을 감찰하시며 잘못된 판결을 바르게 고쳐줄 것임을 믿어 의심치 않는다.

ש(쉰, 61-63절)
여호와여 저희가 나를 훼파하며 나를 모해하는 것 곧 일어나 나를 치는 자의 입술에서 나오는 것과 종일 모해하는 것을 들으셨나이다 저희가 앉든지 서든지 나를 노래하는 것을 주여 보옵소서

시인은 원수들의 조롱으로 인한 정신적 고통을 맛보았지만, 그런 상황 속에서도 시인에게 가장 큰 소망이 되는 것은 여호와께서 그 조롱의 말을 다 듣고 계시며, 그들의 모든 행사를 다 알고 계신다는 확신에 있다. 이제 시인은 더 이상 실의와 좌절에 머물러 있지 않는다. 그는 더 이상 현재의 신세를 한탄만 하는 인생의 낙오자로 전락하지 않는다. 오히려 그는 여호와를 향한 신뢰에 근거하여 보다 적극적인 믿음으로 약진한다.

ת(타브, 64-66절)
여호와여 주께서 저의 손으로 행한대로 보응하사 그 마음을 강퍅하게 하시고

저주를 더하시며 진노로 저희를 군축하사 여호와의 천하에서 멸하시리이다

끝으로 시인은 하나님의 공의실현을 간곡히 간청한다. 비록 이스라엘의 대적들이 하나님의 섭리에 따라 도구로 사용되었으나, 그들은 하나님의 계획하신 것보다 더 심한 악행을 저지름으로써 하나님의 뜻을 저버리고 말았다. 그리하여 스가랴 1:15에서 여호와는 이스라엘을 공격한 열방을 향해 다음과 같이 말씀하신다: "안일한 열국을 심히 진노하나니 나는 조금만 노하였거늘 그들은 힘을 내어 고난을 더하였음이라." 즉 이스라엘을 공격한 원수들은 여호와의 심판의 도구로서의 위치를 망각했던 것이다. 비록 시인은 이스라엘의 심판이 그들의 죄로 말미암은 발생한 것임을 인정하지만, 그렇다고 대적들의 행위가 정당한 것은 아니라고 판단한다. 그러므로 시인은 범죄한 이스라엘의 심판이 필연적이듯이 심판의 도구로서의 위치를 망각한 대적들 역시 심판을 받아야만 함을 간구한다. 이처럼 본 연은 하나님의 공의실현에 대한 간절한 열망으로 마무리되고 있다.

현대인을 위한 메시지

예레미야애가 3장은 히브리 알파벳 순서의 형식을 취하는 독특한 전개방식을 보여주며, 애가서 전체의 신학적 중심으로 자리 잡고 있다. 예를 들면, 예레미야애가 3장은 심판을 경험한 주의 백성들의 고통, 고난 중에 있는 자들이 나아가야 할 방향, 하나님의 본성, 여호와에 대한 신뢰와 같은 주요 신학적 이슈들을 전달하면서도 "알렙"에서 "타브"로 끝나는 히브리 알파벳 형식의 일관된 문학적 형식을 취하고 있다. 특히 예레미야애가 3장의 초점은 고난의 탄식에서 신뢰와 믿음으로 이동하며,

심판의 원인에 대한 인식에서 회개 촉구로 이동하며, 현재의 절망적 상황에서 미래의 희망을 고대하는 방향으로 전개해 나간다. 결국 예레미야애가 3장은 비록 이스라엘이 범죄하여 심판을 받았다 할지라도, 다시 여호와께로 돌아가면 새로운 회복이 기다리고 있음을 강조하고 있다. 흥미롭게도 예레미야애가 3장의 신학적 논점은 "너희는 내게로 돌아오라 그리하면 내가 너희에게로 돌아가리라"(슥 1:3)고 외친 스가랴의 메시지와 그 맥락을 같이한다. 더욱이 이 메시지는 현대를 살아가는 그리스도인들에게 더욱 절실하게 다가온다. 비록 현대인들은 문명과 기술의 진보로 많은 혜택을 누리고 있지만, 여전히 육체적 정서적 정신적 아픔으로 신음한다. 그렇다면 본문에서 시인이 고난의 문제를 극복해 나가는 과정은 오늘 우리들에게도 이 고난의 문제를 어떻게 해결해야 하는가에 대한 귀중한 교훈과 모범을 제시해 준다고 볼 수 있다. "저가 비록 근심케 하시나 그 풍부한 자비대로 긍휼히 여기실 것임이라"(애 3:32). 여기서 우리는 예레미야애가 3장에서 깨달을 수 있는 다음과 같은 주요 메시지를 발견한다.

고난의 탄식 속에서도 회복의 희망을 바라보라

애가의 저자는 예루살렘의 멸망이라는 현실 앞에서 심각한 육체적 정서적 고통에 직면한다. 오랫동안 민족의 정체성을 상징해 주었던 성전은 훼파되었고, 여호와의 선민으로 자처하였던 이스라엘은 이방신을 섬기는 바벨론의 포로로 압송되었다. 다윗 언약을 대변하는 다윗 왕조는 완전히 몰락했으며, 왕족들은 이교도의 포로가 되고 말았다. 삶의 희망은 사라지고, 오히려 절망이 그들의 삶을 지배한다. 이스라엘의 철저한 몰락과 실패 앞에서 과연 하나님의 백성들은 무엇을 기대할 수 있는가?

비극적인 현실은 오직 하나님의 백성들을 탄식의 수렁으로 빠져들게 한다. 그럼에도 불구하고 애가의 저자는 깊은 슬픔의 탄식 속에서도 결코 희망을 포기해서는 안되며, 오히려 절망이 희망의 출발점이 된다고 선언한다(21절). 또한 애가의 저자는 여호와께서 이스라엘을 결코 버리지 않았으며, 절망에 처한 그의 백성들을 향해 새로운 회복을 예비하실 것이라고 확신한다. 그러므로 본문은 암담한 현실 속에서 탄식하는 현대인들을 향해 절망이 바로 희망의 출발점이라는 사실을 다시 한번 상기시켜 준다.

문제의 원인을 올바로 진단하고 겸비함으로 회개하라

애가의 저자는 공동체에게 닥친 불행을 여호와의 심판으로 이해하며, 무엇보다도 여호와를 반역한 범죄의 결과로 인식한다(40-42절). 비록 저자는 현실의 고통을 쉽게 받아들이지 못하지만, 그 불행을 다른 누군가의 탓으로 돌리기보다는 오히려 공동체의 죄악으로 인해 발생한 비극으로 간주한다. 국가의 붕괴와 공동체의 해체와 같은 수긍될 수 없는 참담한 상황 앞에서 그 문제의 원인을 올바로 진단하기란 그리 쉬운 일이 아니다. 그러나 저자는 이 재난의 원인을 정확하게 인식함으로 말미암아 회복의 실마리를 풀어나가기 시작한다. 즉 저자에게 있어서 현재의 불행은 공동체의 죄악에서 비롯된 것이기에 죄악에 대한 철저한 회개는 필수적인 것이다. 그러므로 저자는 문제의 원인을 규명하는 단계에서 철저한 회개의 단계로 방향을 이동한다. 예를 들면, 히스기야는 앗수르의 침략 소식을 접하자 왕복을 찢고 베옷을 입은 뒤 성전에 나아가 자신이 직면한 재난을 "책벌" 즉 자신의 잘못에 따른 하나님의 심판으로 이해한다(사 37:1-3). 문제의 원인을 자신의 탓으로 돌리는 히스기야는 여호와께 겸손히 회개하기 시작하며, 마침내 선지자 이사야로부터 안전과 승리의 약속을 보장 받는다. 이처럼 본문의 말씀은 어려움에 직면한 현대인들을 향해 자신의 문제를 인정하고 여호와께 나아가 겸손히 그 죄악을 회개하는 자에게 새로운 희망이 주어질 수 있음을 일깨워주고 있다.

참고문헌

Albrektson, Bertil., *Studies in the Text and Theology of the Book of Lamentations*. Lund: CWK Gleerup, 1963.

Baldwin, J. G., Haggai, *Zechariah and Malachi*, TOTC. Donwers Grove, Ill: InterVarsity Press, 1972.

Barker, Kenneth L. & Bailey, Waylon., *Micah, Nahum, Habakkuk, Zephaniah*, NAC. Nashville: Broadman, 1999.

Bauckham, Richard J., *Jude, 1-2 Peter*. WBC 50. Waco, TX: Word, 1983.

Beale, G. K., *The Temple and The Church's Mission*. Downers Grove: IVP, 2004.

Beasley-Murray, G. R., *Jesus and the Kingdom of God*. Grand Rapids: Eerdmans, 1986.

Berlin, Adele., *Zephaniah*. Anchor Bible 25A. New York: Doubleday, 1994.

Boda, Mark J., *Haggai, Zechariah*, The NIV Application Commentary. Grand Rapids: Zondervan, 2004.

Bright, John., *The Kingdom of God*. Nashville: Abingdon Press, 1953.

Brooks, James A., *Mark*. Nashville: Broadman Press, 1991.

Bruce, F. F., *New Testament Development of Old Testament Themes*. Grand Rapids: Eerdmans, 1968.

_____, *1 & 2 Thessalonians*. WBC 45. Waco, TX: Word, 1982.

Casey, Maurice., *Son of Man: The Interpretation and Influence of Daniel 7*. London: SPCK, 1979.

Childs, B. S., *Biblical Theology of the Old and New Testaments: Theological Reflection on the Christian Bible*. Minneapolis: Fortress, 1992.

Chisholm, Jr., R. B., *Interpreting the Minor Prophets*. Grand Rapids: Zondervan, 1990.

Conrad, Edgar W., *Zechariah*. Sheffield: Sheffield Academic Press, 1999.

Crenshaw, James L., *Joel*. Anchor Bible 24C. New York: Doubleday, 1995.

Dodd, C. H., *The Apostolic Preaching and Its Development*. London: Hodder and Stoughton, 1936.

_____, *The Parables of the Kingdom*, rev ed. New York: Scribner's, 1961.

Dumbrell, William J., *The Search for Order: Biblical Eschatology in Focus*. Grand Rapids: Baker, 1994.

Dunn, James D. G., *Jesus Remembered*. Christianity in the Making: Volume 1; Grand Rapids: Eerdmans, 2003.

Eichrodt, W., *Theology of the Old Testament: Volume One*. trans. J. Baker. Philadelphia: Westminster Press, 1961.

Garrett Duane., & House, Paul R., *Song of Songs/Lamentations*. WBC 23B. Nashville: Thomas Nelson, 2004.

Goldsworthy, Graeme., *According to Plan: The Unfolding Drama in the Bible*. Leicester: Inter-Varsity Press, 1991.

_____, *Preaching the Whole Bible as Christian Scripture*. Grand Rapids: Eerdmans, 2000.

Gottwald, Norman., *Studies in the Book of Lamentations*, rev. ed. SBT 14. London: SCM, 1962.

Gowan, D. E., *Theology of the Prophetic Books: The Death and Resurrection of Israel*. Louisville: Westminster John Knox Press, 1998.

Guthrie, Donald., *New Testament Introduction* (Downers Grove: InterVarsity Press, 1976.

Hasel, Gerhard F., *Understanding the Book of Amos: Basic Issues in Current Interpretations*. Grand Rapids: Baker, 1991.

House, Paul R., *The Unity of the Twelve*. JSOTSup 97. Sheffield: Almond Press, 1990.

Hill, Andrew E., *Malachi*. Anchor Bible 25D. New York: Doubleday, 1998.

Hillers, Delbert R., *Lamentations*. The Anchor Bible. New York: Doubleday, 1992.

Jensen, Peter., *The Revelation of God*. Leicester: Inter-Varsity Press, 2002.

Jeremias, Jorg., "The Interrelationship between Amos and Hosea," *Forming Prophetic Literature: Essays on Isaiah and the Twelve in Honor of John D. W. Watts.* ed. James W. Watts and Paul R. House JSOTSup 235. Sheffield Academic Press, 1996.

Kaiser, Jr., Walter C., *Toward an Old Testament Theology.* Grand Rapids: Zondervan, 1978.

Kaiser, O., *Introduction to the Old Testament: A Presentation of its Results and Problems.* Minneapolis: Augsburg, 1975.

Kapelrud, Arvid., *The Message of the Prophet Zephaniah: Morphology and Ideas.* Oslo-Bergen-Troms: Universitestforlaget, 1975.

Knox, D. Broughton., *Selected Works: Volume One, The Doctrine of God.* ed. Tony Payne. Sydney: Matthias Media, 2000.

Kummel, Werner G., *The Theology of the New Testament According to its Major Witnesses.* trans. J. E. Steely. London: SCM, 1974.

Ladd, G. E., *The Presence of the Future: The Eschatology of Biblical Realism.* Grand Rapids: Eerdmans, 1974.

Lattke, Michael., "On the Jewish Background of the Synoptic Concept, 'The Kingdom of God,'" in Bruce Chilton, ed., *The Kingdom of God in the Teaching of Jesus.* Issues in Religion and Theology 5. Philadelphia: Fortress Press, 1984.

Linafelt, Tod., *Surviving Lamentations.* Chicago: Univ. of Chicago Press, 1999.

Marshall, I. Howard., *The Origins of New Testament Christology.* Updated Edition. Downers Grove: InterVarsity Press, 1990.

Martens, Elmer., *God's Design: A Focus on Old Testament Theology.* 2nd edition. Grand Rapids: Baker, 1994.

Meadors, Edward P., *Jesus the Messianic Herald of Salvation.* WUNT 2: 72. Tubingen: J.C.B. Mohr [Paul Siebeck], 1995.

Morris, L., *The Epistles of Paul to the Thessalonians: An Introduction and Commentary.* TNTC. Grand Rapids: Eerdmans, 1958.

Motyer, J. Alec., "Zephaniah," in T*he Minor Prophets: An Exegetical and Expository Commentary.* ed. Thomas McComiskey. Grand Rapids: Baker, 2003.

Mounce, William D., *Pastoral Epistles.* WBC 46. Nashville: Thomas Nelson, 2000.

Nogalski, James D., *Literary Precursors to the Book of the Twelve*, BZAW 217. Berlin: de Gruyter, 1993.

_____, "Intertextuality in the Twelve," *Forming Prophetic Literature: Essays on Isaiah and the Twelve in Honor of John D.W. Watts*. ed. James W. Watts and Paul R. House, JSOTSup 235. Sheffield: Sheffield Academic Press, 1996.

Nolland, John., *Luke 1-9:20*. WBC 35A. Nashville: Thomas Nelson, 1989.

O'Connor, Kathleen., *Lamentations and the Tears of the World*. Maryknoll, NY: Orbis Books, 2002.

Pate, C. Marvin. et al., *The Story of Israel: A Biblical Theology*. Downers Grove: IVP, 2004.

Petersen, David L., *Zechariah 9-14 and Malachi*. OTL. Louisville: Westminster John Knox Press, 1995.

Provan, Iain W., *Lamentations*. New Century Bible Commentary. Grand Rapids: Eerdmans, 1991.

Rad, G. von., *Old Testament Theology: Volume Two*. trans. D.M.G. Stalker. New York: Harper and Row, 1965.

Redditt, Paul., *Haggai, Zechariah, Malachi*. NCB. Grand Rapids: Eerdmans, 1995.

Reicke, Bo., *The Epistles of James, Peter and Jude*. AB 37. Garden City, NY: Doubleday, 1964.

Reiser, Marius., *Jesus and Judgment: The Eschatological Proclamation in Its Jewish Context*. trans. L. M. Maloney. Minneapolis: Fortress Press, 1997.

Rolf Rendtorff, "How to Read the Book of the Twelve as a Theological Unity," in James Nogalski & Marvin A. Sweeney, eds., *Reading and Hearing the Book of the Twelve*. Atlanta: SBL, 2000. 75-87.

Roche, Michael De., "Zephaniah 1:2-3: The 'Sweeping' of Creation," *VT* 30 (1980): 104-109.

Roberts, J.J.M., *Nahum, Habakkuk, and Zephaniah*. OTL. Louisville: Westminster/John Knox Press, 1991.

Robertson, O. P., *The Books of Nahum, Habakkuk, Zephaniah*. NICOT. Grand Rapids: Eerdmans, 1990.

Rowley, H. H., *The Faith of Israel: Aspects of Old Testament Thought*. Philadelphia: Westminster Press, 1956.

Schreiner, T. R., Paul, *Apostle of God's Glory in Christ: A Pauline Theology*. Downers Grove: Inter-Varsity Press, 2001.

Scobie, C. R., *The Ways of Our God: An Approach to Biblical Theology*. Grand Rapids: Eerdmans, 2003.

Smith, R. L., *Micah-Malachi*. WBC. Waco: Word Books, 1984.

Stott, J. R. W., *The Gospel at the End of Time: The Message of 1-2 Thessalonians*. Downers Grove: Inter-Varsity Press, 1991.

Stuart, Douglas., *Hosea-Jonah*. WBC 31. Waco: Word, 1987.

Sweeney, Marvin A., *Zephaniah*. Hermeneia. Minneapolis: Fortress Press, 2003.

_____, *The Prophetic Literature*. Nashville: Abingdon, 2005.

VanGemeren, Willem., *Interpreting the Prophetic Word: An Introduction to the Prophetic Literature of the Old Testament*. Grand Rapids: Zondervan, 1990.

Vos, G., *Biblical Theology: Old and New Testaments*. Edinburgh: Banner of Truth, 1996.

Watts, John D.W., *Vision and Prophecy in Amos*. Expanded Anniversary Edition. Macon, GA: Mercer University press, 1997.

Webb, Barry G., *Five Festal Garments: Christian Reflections on the Song of Songs, Ruth, Lamentations, Ecclesiastes, and Esther*. NSBT 10. Downers Grove: InterVarsity Press, 2000.

Wenham, David., *The Parables of Jesus*. The Jesus Library. Downers Grove: InterVarsity Press, 1989.

_____, "From Jesus to Paul-via Luke," in P. Bolt and M. Thompson, eds., *The Gospel to the Nations: Perspectives on Paul's Mission. Festschrift for P. T. O'brien*. Downers Grove: Inter-Varsity Press, 2000.

_____, *Paul and Jesus: The True Story*. Grand Rapids: Eerdmans, 2002.

Westermann, Claus., *Lamentations: Issues and Interpretations*. trans. C. Muenchow. Minneapolis: Fortress Press, 1994.

인명 색인

How to Understand the Day of the Lord

갓월드(Norman Gottwald) / 57
거스리(Donald Guthrie) / 87
고원(Donald Gowan) / 18
골즈워디(Graeme Goldsworthy) / 18
노갈스키(James Nogalski) / 40, 97-98
던(James Dunn) / 70
덤브렐(William J. Dumbrell) / 18, 20
도드(C. H. Dodd) / 19
라트키(Michael Lattke) / 67
래드(G. E. Ladd) / 75
레딧(Paul Redditt) / 53
레이스너(Marius Reiser) / 69
렌토르프(Rolf Rendtorff) / 38, 96
로벗슨(O. P. Robertson) / 107
로울리(H. H. Rowley) / 17
룻 / 28
리너펠트(Tod Linafelt) / 58
마운스(William Mounce) / 87
마튼스(Elmer Martens) / 47
맥콘빌(Gordon McConville) / 26
모리스(Leon Morris) / 80, 82
모세 / 20, 41
모티어(J. A. Motyer) / 99
미돌스(Edward Meadors) / 66
바울 / / 20, 78-88, 145
밴게메렌(Willem VanGemeren) / 46
벌린(Adele Berlin) / 51
베드로 / / 20, 23-24, 87-91, 94
베스트만(Claus Westermann) / 58

보스(Gerhadus Vos) / 16
보쿰(Richard Bauckham) / 89
브라이트(John Bright) / 16
브루스(F. F. Bruce) / 80-82
비일(G. K. Beale) / 143
비즐리 머리(G. R. Beasley-Murray) 66, 92
세례 요한 / 19, 68-69, 74, 76, 91
수에토니우스 / 82
슈레이너(Schreiner) / 87
스위니(Marvin A. Sweeney) / 99
스코비(C. H. H. Scobie) / 18
스토트(John Stott) / 80, 82
아브라함 / 28
안티오쿠스 에피파네스 4세 / 137-138
알브렉슨(Bertil Albrektson) / 58
야곱 / 143
예레미야스(Jorg Jeremias) / 44
예수 / 5, 23, 69-77, 91, 93-94, 139-145
웬함(Gordon Wenham) / 26, 81-83
웹(Barry Webb) / 59
오코너(Kathleen O'Connor) / 58
요세푸스 / 80
요시아 / 48, 102-103
요한 / 127, 139-140, 143-145
젠센(Peter Jensen) / 17
차일즈(Brevard S. Childs) / 18
치슘(R. B. Chisholm) / 99
카펄루드(Arvid Kapelrud) / 50, 52

퀌멜(Werner G. Kummel) / 68
크레이기(Peter Craigie) / 26
크레투스 / 83
크렌쇼(James Crenshaw) / 42
클라우디우스 / 80, 82
클라인(Meredith Kline) / 26
키친(Kenneth Kitchen) / 26

폰 라트(Gerhard von Rad) / 63
피터센(David L. Petersen) / 129
하우스(Paul House) / 5, 6, 98
해리슨(R. K. Harrison) / 26
히스기야 / 166
힐(Andrew Hill) / 53

성경 색인

How to Understand the Day of the Lord

구약

창세기

1-2장 / 27,48
1:1-5 / 126
1:26-31 / 27
2:4-25 / 27
2:10-14 / 127
3-9장 / 27,34,36
3:14-24 / 27
6-9장 / 89,91
6:5-9:17 / 27
9장 / 48
11장 / 112,113
12:6 / 136
15장 / 14
18:1-19:29 / 28
18:25-26 / 36
28장 / 143
37장 / 161
49:4 / 109

출애굽기

5-13장 / 28
7-11장 / 131
10:1-19 / 40
14-15장 / 124
15:1-18 / 28,29
15:13 / 150
19:5 / 54
19:16,20;21 / 105
19:18 / 123
32-34장 / 30
32:1-35 / 30
32:11-14 / 41

33장 / 30
34장 / 36
34:6-7 / 30,31,36,41, 55, 60, 61, 75, 89, 90, 91, 93
39:28-30 / 134

레위기

6:24-30 / 135
11:1-8 / 135
26장 / 30,32,34,36,61
26:14-22 / 31
26:23-33
26:34-39 / 31

민수기

18:20 / 154

신명기

3:17 / 129
6:4-5 / 128
6:4-9 / 42
4:11 / 105
16:13-17 / 134
20:20 / 150
28장 / 32,61,131
27-28장 / 30,34,36
28:1-14 / 43
28:15-24 / 31,45
28:28-29 / 31
28:38 / 40
28:45-57 / 45

28:52-57 / 31,59,73
28:60 / 31
28:64-68 / 31
32:39 / 42
33:1-5 / 123

여호수아

3장 / 124
6:17-18 / 130
15:32 / 130
19:7 / 130

사사기

1-2장 / 33
7:19-25 / 132
9:4 / 109

사무엘상

2:22 / 109
5:5 / 104
6:4 / 132
14:18-20 / 132

사무엘하

7:1-11 / 43
7:14 / 149
15:16,23,30 / 124
24:21,25 / 132

열왕기상

11:7 / 124
15:22 / 130

열왕기하

14:25 / 130
17장 / 33
17:13-14 / 45
20:20 / 127
22-23장 / 48
22:8 / 102
22:8-20 / 31
23:4-20 / 109
23:13 / 124
25:1 / 150
25:4 / 124

역대하

21:14-15 / 132

느헤미야

8:13-18 / 141

욥기

10:21-22 / 151
17:13 / 151
18:18 / 151
34:6 / 151

시 편

17:9 / 150
19편 / 12
22:16 / 150
32편 / 14
47,95,97편 / 114
47:8-9 / 128
50:2-3 / 123
72:9 / 152,155
77:20 / 150
77:21 / 150
78:52-53 / 150
78, 89, 104-106편 / 14
80:1 / 150
88:12 / 151
89:32 / 149
89:5,7 / 125
90:2 / 63
90:4 / 89
91:5 / 151
93,96,97,99편 / 128
93-99편 / 29,66
94:1-7 / 157
96:10-13 / 85
102:26-27 / 63
103:9 / 66

잠언

5:4 / 152
11:3 / 88
31:24 / 136

전도서

6:8 / 151
9:14 / 150
11:8 / 151

이사야

1-4장 / 33, 35, 36, 37, 49, 57, 75
1:1-31 / 33
1:9 / 35
1:10 / 36
1:24-31, 2:2-4 / 122
2장 / 75
2:1 / 34
2:1-5 / 33, 35, 60
2:1-22 / 34
2:2-4 / 130
2:6-22 / 33
2:8,18 / 34
2:11-17 / 34
2:19 / 34
3:1-18 / 48
3:1-4:1 / 34
3:9 / 36
4:2-6 / 35,60,66
5:18-24 / 91
5:19 / 89
5:24 / 29
7장 / 127
9:1-7 / 35
11장 / 129
11:1-16 / 35
13-23장 / 37,50
13:1-22 / 30
13:8 / 69
13:9-10 / 126
13:16 / 122
23:8 / 136
24-27장 / 37
24:19 / 90
25:1-12 / 35
28:21 / 36
37:1-3 / 166
38:13 / 151
40-48장 / 42
40:11 / 150
43:14 / 163
47:4-5 / 163
49:10 / 150
50:4-9 / 71
51:3 / 27
52:13-53:12 / 71
53:1-12 / 71
59:9 / 27
60:19-20 / 126
63:13-14 / 150
64:11 / 73
65-66장 / 91
65:17-25 / 27, 35, 43, 48, 66, 90
66:15-16 / 69

예레미야

7장 / 76
12:7 / 73
14:17 / 161
17:15 / 89
20:2 / 130
22:5 / 73
25:12 / 64
26장 / 76
31:38 / 130
32-33장 / 35
32,52장 / 32
38:4-28 / 161
39:4 / 130
46-51장 / 50

예레미야애가

1-2장 / 60
1:1-10 / 34
1:5,8,18 / 59
1:18 / 59
1:12 / 59
1:21 / 59,61
2:1 / 59
2:1-9 / 59
2:7 / 155
2:16 / 160
2:17 / 59,61
2:22 / 59
3장 / 147,164,165
3:1-3 / 149
3:1-39 / 149
3:1-18,39 / 60
3:1-30 / 60
3:4-6 / 150
3:7-9 / 151
3:10-12 / 151
3:13-15 / 152
3:16-18 / 152
3:17 / 156
3:17-18 / 60
3:19-21 / 153
3:19-24 / 60
3:19-39 / 28
3:21 / 166
3:22-24 / 153
3:22-23 / 110
3:25-27 / 154
3:28-30 / 155
3:31-33 / 61,155
3:32 / 165
3:34-36 / 156
3:37-39 / 157
3:40-42 / 158,166
3:40-66 / 158
3:40-47 / 158
3:43-45 / 159,162
3:46-48 / 160
3:48-54 / 158
3:49-51 / 160
3:52-54 / 161
3:55-57 / 162
3:55-66 / 158
3:38-60 / 162
3:61-63 / 163
3:64-66 / 163
4:1-17 / 61,73
4:6 / 28,61
4:9-10 / 34
4:13, 5:7,5:16 / 61
4:15-16,22 / 61
4:20 / 161
5:2-18 / 61
5:21-22 / 61

에스겔

8:5-18 / 123
11:13 / 123
23-25장 / 50
46:20,24 / 135
47:1-20 / 127

다니엘

1-6장 / 62
7장 / 86
7,9장 / 23,57,62
7:1-9 / 63
7:12 / 66
7:13-14 / 63,71,73
7:18,22,27 / 64,74
7:23-27 / 84,85
7:25-27 / 64
9:1-9 / 64
9:12-13 / 64
9:16-19 / 64
9:27 / 138
11:31 / 138
12장 / 138
12:1 / 122
12:11 / 138
21:1 / 122

호세아

1-3장 / 45,56
2:1-23 / 55
3:5 / 45
3:16 / 45
4:3 / 49
4:4-8 / 109
4:15-19,10:5,15 / 45
5:6 / 45
5:8,8:1 / 40
5:15 / 45,46
6:1-3 / 41,45,55
9:7-10:15 / 45
9:10 / 46
10:8 / 34
10:12 / 45
11:1-9 / 54,56
13:8 / 151
14:1-3 / 45
14:1-9 / 41,55
14:4-9 / 42,43

요엘

1-2장 / 28

1:2-4 / 39
1:5-14 / 39
1:15-18 / 39,55
1:15,2:1,11,15,31 / 50
1:15-2:11 / 122
1:19-20 / 39
2:1 / 40
2:1-3 / 41
2:1-17 / 45
2:2,10,31 / 126
2:7-9 / 41
2:11 / 42,85
2:12-13 / 30,93
2:12-14 / 41,55,89
2:15-17 / 41
2:18-27 / 43
2:18-30 / 42
2:32 / 43
3장 / 45
3:15 / 126
3:16-17,21 / 43
3:1-12 / 43
3:14 / 43
3:16 / 43
3:17,2:27 / 43
3:17-3:21 / 43
3:18 / 47,127

아모스

1:1 / 124
1:2 / 43,45
1:2-2:3 / 45,50
1:2-2:6 / 55
1:2-2:16 / 46
2:4-16 / 45
2:4,6 / 45
2:16 / 45
3:1-8 / 45
3:7-8 / 45
3:10 / 45
3:11-15 / 45
3:14 / 45

4:6-13 / 32,45,55
4:7,9,10,11 / 45
4:9 / 39
4:13 / 27,56
5:1-3 / 45
5:4-5 / 46
5:4-6,14 / 45
5:7 / 152
5:8 / 27
5:8-9 / 56
5:14 / 46
5:15 / 46
5:18 / 50,126
5:18-20 / 46
5:18-27 / 54
5:27 / 46
6:1-9:10 / 46
6:12 / 152
7:1-9 / 46
9:4 / 47
9:8-15 / 122
9:10 / 46
9:11-15 / 47

오바댜

1:5 / 41,43
9:34 / 149
15장 / 50,55
21:9 / 149

요나

3:8-10 / 30
3:8-4:2 / 89
4:2 / 30,41,55,93

미가

1:4 / 90
1:11 / 124
3:11 / 109
4-5장 / 43

4:2-13 / 43
4:6-8 / 122
7:17 / 155

나훔

1:2-8 / 55,93
1:3 / 89,90
1:5 / 90
3:16b,17 / 40

하박국

1:9 / 10
3:5 / 28

스바냐

1:1 / 101
1:1-18 / 49,50,91
1:2-3 / 27,103,104
1:2-6 / 56,73,103
1:2-2:3 / 101,103,113
1:2-3:20 / 75
1:4-16 / 49
1:5,13,18,3:5 / 102
1:7 / 49,104
1:7-2:3 / 103,104
1:8-9 / 104
1:8,9,10,12 / 104
1:11-13 / 105
1:12 / 89,156
1:14-18 / 105
1:17-18 / 89
1:18 / 49
1:12-13 / 36
1:12-18 / 89
2:1-3 / 105,106,107
2:1-3:5 / 50
2:3 / 50,113
2:4-7 / 50,106
2:4-15 / 48,106
2:8-11 / 50,106

2:11 / 50,106
2:12 / 50
2:13-15 / 50,106,108
2:15 / 50
3:1-5 / 48,50,107,108
3:2,5,7 / 51
3:5 / 108
3:6-8 / 110
3:6-20 / 43,55
3:8 / 69
3:8-20 / 57,66
3:9-10,12 / 51
3:9-13,3:14-20 / 112
3:9-20 / 56,111,112,113
3:14 / 116
3:14-16 / 43
3:14-20 / 112,114
3:17 / 115
3:18-20 / 52

학개

1:7 / 54
1:12 / 54

스가랴

1:3 / 165
1:15 / 164
2:4-5 / 122
9:9 / 43
12-14 / 120
14장 / 118, 120, 140, 142, 146
14:1 / 133
14:1-3 / 121,122
14:1-15 / 121
14:3 / 122
14:4-5 / 123
14:6-9 / 125
14:10-11 / 129
14:12-15 / 131
14:15 / 29

14:16-21 / 55,133
14:21 / 143

말라기

1:2-5 / 53,54
1:6,2:10 / 54
1:6-14 / 53,54
1:14 / 54
2:1-9 / 53
2:2 / 54
2:10-16 / 53
2:13 / 54
2:15-16 / 54
2:17 / 89
3:2-3 / 54
3:6-14 / 53
3:10 / 40
3:16-18 / 54
3:17 / 54
4:1-6 / 29,54,89
4:5-6 / 55,66

신약

마태복음

3:1-10 / 68
4:1-11 / 27
6:9-13 / 77
10:15 / 28
14:36-44 / 36
17:9-13 / 66
18:23-25 / 71
21:12-17 / 142
23:23-39 / 85
23:35 / 14
23:37-24:51 / 23
23:29-39 / 32,73,74,75
24장 / 73
24:1-35 / 73,74

24:8-30 / 139
24:9 / 139
24:15-16 / 138
24:21,28-30 / 139
24:35 / 90
24:36-51 / 74,90
24:37 / 27
24:43 / 84,90
25:14-30 / 71

마가복음

13장 / 23,74
1:4-8 / 66
1:15 / 70
8:31 / 72
9:31 / 72
9:48 / 91

12:1-11 / 74
12:6 / 74
13장 / 73
13:13 / 81
13:14 / 138
13:24 / 139
14:62 / 71

누가복음

3:1-17 / 66,68,76,77
3:8-14 / 68
3:15-17 / 68
3:17 / 91
9:21-22 / 72
11:2-4 / 77

12:49-50 / 71
13:1-3 / 77
16:1-8 / 71
16:19-31 / 71
17:22 / 71
17:24 / 84
17:24-25 / 71
19:11-27 / 71
21장 / 73
21:5-6 / 73
21:10-24 / 73
21:23 / 82
21:25-28 / 73
21:27 / 73
21:34 / 73
21:35-36 / 73
21:37 / 73
23:30 / 34
23:26-31 / 23
24:44 / 14

요한복음

1:14 / 143
1:24 / 143
1:51 / 143
2:19 / 144
2:21 / 144
4장 / 141,144
4:20 / 144
4:23-24 / 144
7:34-44 / 141
12:27-36 / 23,72,77
12:31-32 / 72
12:35-36 / 72
16:33 / 139

사도행전

2장 / 145

로마서

4장 / 14
9-11장 / 81

고린도전서

1:8 / 78
6:19 / 145

고린도후서

1:14 / 78
4:8 / 78
6:14-16 / 145
6:16 / 145
6:18-20 / 146

에베소서

2:19-22 / 145
2:21 / 145

빌립보서

2:5-11 / 78,85
2:16 / 78

데살로니가전서

1:1-10 / 79
1:3-12 / 88
1:10 / 79,81,82
2:1-3:13 / 79
2:13-16 / 81,82
2:13-17 / 79
2:15-16 / 80,81
2:16 / 82
4:1-18 / 83
4:1-5:11 / 79
4:7-11 / 88
4:13-18 / 90

4:13-5:11 / 83
4:16-18 / 85
5:1-3 / 84
5:4-11 / 84
5:8 / 88
5:12-28 / 79

데살로니가후서

1:1-12 / 79
1:8 / 88
1:9 / 91
1:3-12 / 84,90
2:1-12 / 79
2:3-4 / 84
2:5-7 / 85
2:8 / 85
2:9 / 85
2:11-12 / 85
2:13-17 / 79
3:1-15 / 79
3:6-15 / 85
3:16-18 / 79

디모데후서

3:14-17 / 12
1:18 / 78

히브리서

12:3-28 / 32

베드로전서

4:2,5 / 88
4:7 / 87
4:7-19 / 87
4:12-19 / 88
4:17 / 88
4:18-19 / 88

베드로후서

1:16-21 / 88,91
2:6 / 28
3:1 / 88
3:1-13 / 36,87
3:1-18 / 88
3:2-4 / 89
3:5-7 / 89
3:8 / 89

3:8-10 / 30
3:9 / 89
3:10 / 90
3:15-18 / 90

요한계시록

5:5 / 139
5:6 / 139
6:16 / 34

12:11 / 140
13:7 / 139
16:21 / 29
19:11-21 / 30
20:2 / 27
21:22-24 / 145
21:22-25 / 127

Bible Interpretation Manual

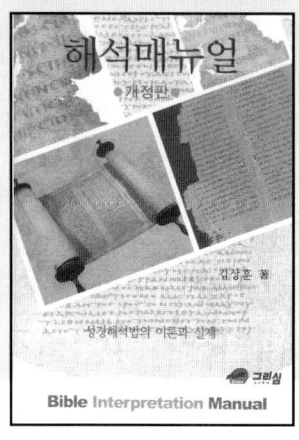

성경해석법의 이론과 실제

해석매뉴얼

김상훈 著

　그 어떤 책이라도 수고의 노력 없이 쓰여지진 않을 것이다. 이 책에는 그 동안의 해석 관련 연구와 교수 사역의 실제적 경험이 녹아 있다. 하나도 버릴 수 없는 지난 세월의 투영이다. 수여 받은 지식의 정리된 종합이다. 주신 것을 내놓는 마음으로 책을 썼다. 그래서 부족한 부분이 있어도 감사하기로 했다. 그리고 그 다음 단계의 연구와 계발 노력으로 나아가기로 했다. 이 책에는 모두 세 방향의 해석학적 틀(방법론)이 담겨 있다. 이 세 개는 삼각형의 세 꼭지점을 이룬다. 꼭대기의 점에는 '마이크로(미시적)-매크로(거시적) 해석'이 자리 잡는다. 그 왼쪽 꼭지점에는 '영감 해석'이 있고 오른 편에는 '관계 해석'이 있다.

　이 책에서 가장 많이 다루고 있는 해석 방법론은 마이크로-매크로 해석이다. 1부, 첫 9장은 이를 다루고 있다. 작은 단위의 본문을 세밀하게 분석하는 마이크로 분석(micro analysis)은 현대 언어학의 구문론(syntax)과 의미론(semantics)의 발전된 연구 성과를 성경 본문 해석에 반영한 것이다. 영미권의 해석학자인 Stuart와 Fee, 그리고 Kaiser 등의 구문 중심 연구 방향과 맥을 닿고 있다. 그러나 이들의 연구를 그대로 사용한 것은 아니다. 이들의 앞선 연구를 참조하되, 현대 언어학적 개념과 그 성과를 바로 원용하였고 다시 한글(개역) 성경에 맞게 실제화했다. 어떤 점에선 한 단계 발전된 내용이라 할 수 있을 것이다. (서문에서)

현대예배를 분별하기위한 안내서

코넬리우스 플랜팅가 · 수 로즈붐 공저

허 철 민 역

칼빈 기독교예배연구소 〈예배연구 시리즈〉
존 휫빌리엣, 시리즈 편집자

이 시리즈는 기독교 예배의 신학, 역사, 그리고 실천의 학문적 연구를 증진하고, 지역 회중들에게 예배의 갱신을 촉진시키기 위해서 고안되었다. 다양한 공동체들과 다양한 분야의 학자들로 구성된 목회와 예배 인도자들에 의해 쓰여진 이 책들은 영성적으로 생명력을 지니며, 신학적으로 뿌리를 내리는 예배 실천들에 자양분을 공급해 주는 것을 추구한다.

"이 책은 매우 중요하고도 필요한 책이다. 소위 '예배 전쟁들'(worship wars)이라 불리워지는 것이 막을 고함으로써 북미에 있는 교회는 '현대적 예배'(Contemporary Worship)라는 탄약을 장전한 혼란스러운 용어와 떨어질 수 없는 상황을 경험하고 있다. 이 책의 공헌자들은 현대 예배의 실천적인 요소들에 둘러싸여 있는 과제들을 조심스럽게 바라보고, 북미 교회의 예배에서 지니고 있는 문제점들과 관련하여 견고한 신학적 통찰력을 제공해 주고 있다. 그리고 그들은 예배 형식과 스타일에 대한 지속적인 논쟁들을 붙잡고 고투하는데, 우리로 하여금 결코 정죄의 판단을 쉽게 하지 말고, 항상 분별력을 사용하면서, 사랑 안에서 자신들의 주장을 전개해 갈 것을 가르쳐 주고 있다. 그리고 그들은 만일 우리가 다양성의 선물들이 소중하다는 것을 배우고 그것들을 지혜롭게 사용한다면, 교회에서의 예배 모임은 더욱 더 풍성해질 것이라는 사실을 제안한다."

클래이튼 슈미트(Clayton J. Schmit)
예배, 신학, 그리고 예술을 위한 브렘 센터
풀러신학교

"오늘날 교회가 직면하고 있는 가장 절박한 문제는 성(sex)과는 아무런 관련이 없다. 오히려 그것은 기독교 예배의 적절한 기능과 적합한 형식과 관련을 지니고 있다. 이 책은 최근에 발전되고 있는 선택적 예배 요소들의 방대한 다양성에 대해서 개방적이고도 편견이 없는 방식으로 조사하고 있다. 단순히 서술적 차원을 넘어서, 그러나 이 책은 독자들이 '성삼위 하나님과의 이야기에의 참여'(narrative engagement with the triune God)로서의 예배 접근법을 통해서, 예배를 계획하고 인도하는데 최상의 선택을 분별하도록 도움을 주고 있다. 이렇게 해서 이론은 기독교 예배를 위한 고도의 실천적인 도구가 되고 있다.'

제임스 화이트(James F. White)
드류대학교